# La fille du capitaine

Aleksandr Sergeevich Pushkin

(Translator: Louis Viardot)

Alpha Editions

This edition published in 2024

ISBN : 9789362990044

Design and Setting By
**Alpha Editions**
www.alphaedis.com
Email - info@alphaedis.com

As per information held with us this book is in Public Domain. This book is a reproduction of an important historical work. Alpha Editions uses the best technology to reproduce historical work in the same manner it was first published to preserve its original nature. Any marks or number seen are left intentionally to preserve its true form.

# Contents

AVERTISSEMENT DES ÉDITEURS ................................- 1 -
LE SERGENT AUX GARDES ...........................................- 2 -
LE GUIDE ..........................................................................- 8 -
LA FORTERESSE .............................................................- 16 -
LE DUEL ...........................................................................- 22 -
LA CONVALESCENCE ....................................................- 29 -
POUGATCHEFF ................................................................- 36 -
L'ASSAUT .........................................................................- 44 -
LA VISITE INATTENDUE ...............................................- 50 -
LA SÉPARATION .............................................................- 56 -
LE SIÈGE ..........................................................................- 61 -
LE CAMP DES REBELLES .............................................- 68 -
L'ORPHELINE ..................................................................- 77 -
L'ARRESTATION .............................................................- 84 -
LE JUGEMENT .................................................................- 89 -
NOTES ...............................................................................- 97 -

# AVERTISSEMENT DES ÉDITEURS

La nouvelle que nous publions est considérée en Russie comme le meilleur ouvrage en prose du poète Pouschkine. Elle peut soutenir la comparaison avec les récits les plus attachants de Nicolas Gogol.

Alexandre Pouschkine, né à Saint-Pétersbourg en 1799, est mort en 1837, dans toute la force de son talent. Ses premiers écrits l'ayant rendu suspect, il fut envoyé dans les provinces éloignées de l'empire, où il remplit diverses fonctions administratives. L'empereur Nicolas, à son avènement en 1825, le rappela dans la capitale, et le nomma historiographe. Ses ouvrages les plus connus sont *le Prisonnier du Caucase* et une composition dramatique qui n'a jamais été représentée, et n'était pas destinée à l'être, *Boris Godunov*.

Ses autres poèmes sont *Ruslan et Ludmil'a; les Bohémiens, la Fontaine des pleurs* et *l'Onéghine*.

Ce poète, si admiré de ses contemporains, n'était pas heureux: d'indignes propos répandus à dessein dans les salons de Saint-Pétersbourg, où l'on n'aimait pas sa fière et libre parole, amenèrent un duel dans lequel il fut blessé mortellement par son propre beau-frère. Cette mort fut pleurée par les Russes comme une calamité publique.

# LE SERGENT AUX GARDES

Mon père, André Pétrovitch Grineff, après avoir servi dans sa jeunesse sous le comte Munich [1], avait quitté l'état militaire en 17.. avec le grade de premier major. Depuis ce temps, il avait constamment habité sa terre du gouvernement de Simbirsk, où il épousa Mlle Avdotia Ire, fille d'un pauvre gentilhomme du voisinage. Des neuf enfants issus de cette union, je survécus seul; tous mes frères et soeurs moururent en bas âge. J'avais été inscrit comme sergent dans le régiment Séménofski par la faveur du major de la garde, le prince B..., notre proche parent. Je fus censé être en congé jusqu'à la fin de mon éducation. Alors on nous élevait autrement qu'aujourd'hui. Dès l'âge de cinq ans je fus confié au piqueur Savéliitch, que sa sobriété avait rendu digne de devenir mon menin. Grâce à ses soins, vers l'âge de douze ans je savais lire et écrire, et pouvais apprécier avec certitude les qualités d'un lévrier de chasse. À cette époque, pour achever de m'instruire, mon père prit à gages un Français, M. Beaupré, qu'on fit venir de Moscou avec la provision annuelle de vin et d'huile de Provence. Son arrivée déplut fort à Savéliitch. «Il semble, grâce à Dieu, murmurait-il, que l'enfant était lavé, peigné et nourri. Où avait-on besoin de dépenser de l'argent et de louer un *moussié*, comme s'il n'y avait pas assez de domestiques dans la maison?»

Beaupré, dans sa patrie, avait été coiffeur, puis soldat en Prusse, puis il était venu en Russie pour être *outchitel*, sans trop savoir la signification de ce mot [2]. C'était un bon garçon, mais étonnamment distrait et étourdi. Il n'était pas, suivant son expression, ennemi de la bouteille, c'est-à-dire, pour parler à la russe, qu'il aimait à boire. Mais, comme on ne présentait chez nous le vin qu'à table, et encore par petits verres, et que, de plus, dans ces occasions, on passait l'*outchitel*, mon Beaupré s'habitua bien vite à l'eau-de-vie russe, et finit même par la préférer à tous les vins de son pays, comme bien plus stomachique. Nous devînmes de grands amis, et quoique, d'après le contrat, il se fût engagé à m'apprendre *le français, l'allemand et toutes les sciences*, il aima mieux apprendre de moi à babiller le russe tant bien que mal. Chacun de nous s'occupait de ses affaires; notre amitié était inaltérable, et je ne désirais pas d'autre mentor. Mais le destin nous sépara bientôt, et ce fut à la suite d'un événement que je vais raconter.

Quelqu'un raconta en riant à ma mère que Beaupré s'enivrait constamment. Ma mère n'aimait pas à plaisanter sur ce chapitre; elle se plaignit à son tour à mon père, lequel, en homme expéditif, manda aussitôt cette *canaille de Français*. On lui répondit humblement que le *moussié* me donnait une leçon. Mon père accourut dans ma chambre. Beaupré dormait sur son lit du sommeil de l'innocence. De mon côté, j'étais livré à une occupation très intéressante. On m'avait fait venir de Moscou une carte de géographie, qui pendait contre le mur sans qu'on s'en servît, et qui me tentait depuis longtemps par la largeur et la solidité de son papier. J'avais décidé d'en faire un cerf-volant, et, profitant du sommeil de Beaupré, je m'étais mis à l'ouvrage. Mon père entra dans l'instant même où j'attachais une queue au cap de Bonne-Espérance. À la vue de mes travaux géographiques, il me secoua rudement par l'oreille, s'élança près du lit de Beaupré, et, l'éveillant sans précaution, il commença à l'accabler de reproches. Dans son trouble, Beaupré voulut vainement se lever; le pauvre *outchitel* était ivre mort. Mon père le souleva par le collet de son habit, le jeta hors de la chambre et le chassa le même jour, à la joie inexprimable de Savéliitch. C'est ainsi que se termina mon éducation.

Je vivais en fils de famille (*nédorossl* [2]), m'amusant à faire tourbillonner les pigeons sur les toits et jouant au cheval fondu avec les jeunes garçons de la cour. J'arrivai ainsi jusqu'au delà de seize ans. Mais à cet âge ma vie subit un grand changement.

Un jour d'automne, ma mère préparait dans son salon des confitures au miel, et moi, tout en me léchant les lèvres, je regardais le bouillonnement de la liqueur. Mon père, assis près de la fenêtre, venait d'ouvrir l'*Almanach de la cour*, qu'il recevait chaque année. Ce livre exerçait sur lui une grande influence; il ne le lisait qu'avec une extrême attention, et cette lecture avait le don de lui remuer prodigieusement la bile. Ma mère, qui savait par coeur ses habitudes et ses bizarreries, tâchait de cacher si bien le malheureux livre, que des mois entiers se passaient sans que l'*Almanach de la cour* lui tombât sous les yeux. En revanche, quand il lui arrivait de le trouver, il ne le lâchait plus durant des heures entières. Ainsi donc mon père lisait l'*Almanach de la cour* en haussant fréquemment les épaules et en murmurant à demi-voix: «Général!... il a été sergent dans ma compagnie. Chevalier des ordres de la Russie!... y a-t-il si longtemps que nous...?» Finalement mon père lança l'*Almanach* loin de lui sur le sofa et resta plongé dans une méditation profonde, ce qui ne présageait jamais rien de bon.

«Avdotia Vassiliéva [4], dit-il brusquement en s'adressant à ma mère, quel âge a Pétroucha [5]?

--Sa dix-septième petite année vient de commencer, répondit ma mère. Pétroucha est né la même année que notre tante Nastasia Garasimovna [6] a perdu un oeil, et que...

--Bien, bien, reprit mon père; il est temps de le mettre au service.»

La pensée d'une séparation prochaine fit sur ma mère une telle impression qu'elle laissa tomber sa cuiller dans sa casserole, et des larmes coulèrent de ses yeux. Quant à moi, il est difficile d'exprimer la joie qui me saisit. L'idée du service se confondait dans ma tête avec celle de la liberté et des plaisirs qu'offre la ville de Saint-Pétersbourg. Je me voyais déjà officier de la garde, ce qui, dans mon opinion, était le comble de la félicité humaine.

Mon père n'aimait ni à changer ses plans, ni à en remettre l'exécution. Le jour de mon départ fut à l'instant fixé. La veille, mon père m'annonça qu'il allait me donner une lettre pour mon chef futur, et me demanda du papier et des plumes.

«N'oublie pas, André Pétrovitch, dit ma mère, de saluer de ma part le prince B...; dis-lui que j'espère qu'il ne refusera pas ses grâces à mon Pétroucha.

--Quelle bêtise! s'écria mon père en fronçant le sourcil; pourquoi veux-tu que j'écrive au prince B...?

--Mais tu viens d'annoncer que tu daignes écrire au chef de Pétroucha.

--Eh bien! quoi?

--Mais le chef de Pétroucha est le prince B... Tu sais bien qu'il est inscrit au régiment Séménofski.

--Inscrit! qu'est-ce que cela me fait qu'il soit inscrit ou non? Pétroucha n'ira pas à Pétersbourg. Qu'y apprendrait-il? à dépenser de l'argent et à faire des folies. Non, qu'il serve à l'armée, qu'il flaire la poudre, qu'il devienne un soldat et non pas un fainéant de la garde, qu'il use les courroies de son sac. Où est son brevet? donne-le-moi.»

Ma mère alla prendre mon brevet, qu'elle gardait dans une cassette avec la chemise que j'avais portée à mon baptême, et le présenta à mon père d'une main tremblante. Mon père le lut avec attention, le posa devant lui sur la table et commença sa lettre.

La curiosité me talonnait. «Où m'envoie-t-on, pensais-je, si ce n'est pas à Pétersbourg?» Je ne quittai pas des yeux la plume de mon père, qui cheminait lentement sur le papier. Il termina enfin sa lettre, la mit avec mon brevet sous le même couvert, ôta ses lunettes, m'appela et me dit: «Cette lettre est adressée à André Karlovitch R..., mon vieux camarade et ami. Tu vas à Orenbourg [7] pour servir sous ses ordres.»

Toutes mes brillantes espérances étaient donc évanouies. Au lieu de la vie gaie et animée de Pétersbourg, c'était l'ennui qui m'attendait dans une contrée lointaine et sauvage. Le service militaire, auquel, un instant plus tôt, je pensais avec délices, me semblait une calamité. Mais il n'y avait qu'à se soumettre. Le lendemain matin, une *kibitka* de voyage fut amenée devant le perron. On y plaça une malle, une cassette avec un service à thé et des serviettes nouées pleines de petits pains et de petits pâtés, derniers restes des dorloteries de la maison paternelle. Mes parents me donnèrent leur bénédiction, et mon père me dit: «Adieu, Pierre; sers avec fidélité celui à qui tu as prêté serment; obéis à tes chefs; ne recherche pas trop leurs caresses; ne sollicite pas trop le service, mais ne le refuse pas non plus, et rappelle-toi le proverbe: Prends soin de ton habit pendant qu'il est neuf, et de ton honneur pendant qu'il est jeune.» Ma mère, tout en larmes, me recommanda de veiller à ma santé, et à Savéliitch d'avoir bien soin du petit enfant. On me mit sur le corps un court *touloup* [8] de peau de lièvre, et, par-dessus, une grande pelisse en peau de renard. Je m'assis dans la *kibitka* avec Savéliitch, et partis pour ma destination en pleurant amèrement.

J'arrivai dans la nuit à Simbirsk, où je devais rester vingt-quatre heures pour diverses emplettes confiées à Savéliitch. Je m'étais arrêté dans une auberge, tandis que, dès le matin, Savéliitch avait été courir les boutiques. Ennuyé de regarder par les fenêtres sur une ruelle sale, je me mis à errer par les chambres de l'auberge. J'entrai dans la pièce du billard et j'y trouvai un grand monsieur d'une quarantaine d'années, portant de longues moustaches noires, en robe de chambre, une queue à la main et une pipe à la bouche. Il jouait avec le marqueur, qui buvait un verre d'eau-de-vie s'il gagnait, et, s'il perdait, devait passer sous le billard à quatre pattes. Je me mis à les regarder jouer; plus leurs parties se prolongeaient, et plus les promenades à quatre pattes devenaient fréquentes, si bien qu'enfin le marqueur resta sous le billard. Le monsieur prononça sur lui quelques expressions énergiques, en guise d'oraison funèbre, et me proposa de jouer une partie avec lui. Je répondis que je ne savais pas jouer au billard. Cela lui parut sans doute fort étrange. Il me regarda avec une sorte de commisération. Cependant l'entretien s'établit. J'appris qu'il se nommait Ivan Ivanovitch [2] Zourine, qu'il était chef d'escadron dans les hussards, qu'il se trouvait alors à Simbirsk pour recevoir des recrues, et qu'il avait pris son gîte à la même auberge que moi. Zourine m'invita à dîner avec lui, à la soldat, et, comme on dit, de ce que Dieu nous envoie. J'acceptai avec plaisir; nous nous mîmes à table; Zourine buvait beaucoup et m'invitait à boire, en me disant qu'il fallait m'habituer au service. Il me racontait des anecdotes de garnison qui me faisaient rire à me tenir les côtes, et nous nous levâmes de table devenus amis intimes. Alors il me proposa de m'apprendre à jouer au billard. «C'est, dit-il, indispensable pour des soldats comme nous. Je suppose, par exemple, qu'on arrive dans une petite bourgade; que veux-tu qu'on y fasse? On ne peut pas toujours rosser les juifs. Il faut bien, en définitive, aller à l'auberge et jouer au billard, et pour jouer il faut savoir jouer.» Ces raisons me convainquirent complètement, et je me mis à prendre ma leçon avec beaucoup d'ardeur. Zourine m'encourageait à haute voix; il s'étonnait de mes progrès rapides, et, après quelques leçons, il me proposa de jouer de l'argent, ne fût-ce qu'une *groch* (2 kopeks), non pour le gain, mais pour ne pas jouer pour rien, ce qui était, d'après lui, une fort mauvaise habitude. J'y consentis, et Zourine fit apporter du punch; puis il me conseilla d'en goûter, répétant toujours qu'il fallait m'habituer au service. «Car, ajouta-t-il, quel service est-ce qu'un service sans punch?» Je suivis son conseil. Nous continuâmes à jouer, et plus je goûtais de mon verre, plus je devenais hardi. Je faisais voler les billes par-dessus les bandes, je me fâchais, je disais des impertinences au marqueur qui comptait les points, Dieu sait comment; j'élevais l'enjeu, enfin je me conduisais comme un petit garçon qui vient de prendre la clef des champs. De cette façon, le temps passa très vite. Enfin Zourine jeta un regard sur l'horloge, posa sa queue et me déclara que j'avais perdu cent roubles [10]. Cela me rendit fort confus; mon argent se trouvait dans les mains de Savéliitch. Je commençais à marmotter des excuses quand Zourine me dit «Mais, mon Dieu, ne t'inquiète pas; je puis attendre».

Nous soupâmes. Zourine ne cessait de me verser à boire, disant toujours qu'il fallait m'habituer au service. En me levant de table, je me tenais à peine sur mes jambes. Zourine me conduisit à ma chambre.

Savéliitch arriva sur ces entrefaites. Il poussa un cri quand il aperçut les indices irrécusables de mon zèle pour le service.

«Que t'est-il arrivé? me dit-il d'une voix lamentable. Où t'es-tu rempli comme un sac? Ô mon Dieu! jamais un pareil malheur n'était encore arrivé.

--Tais-toi, vieux hibou, lui répondis-je en bégayant; je suis sûr que tu es ivre. Va dormir,... mais, avant, couche-moi.»

Le lendemain, je m'éveillai avec un grand mal de tête. Je me rappelais confusément les événements de la veille. Mes méditations furent interrompues par Savéliitch, qui entrait dans ma chambre avec une tasse de thé. «Tu commences de bonne heure à t'en donner, Piôtr Andréitch [11], me dit-il en branlant la tête. Eh! de qui tiens-tu? Il me semble que ni ton père ni ton grand-père n'étaient des ivrognes. Il n'y a pas à parler de ta mère, elle n'a rien daigné prendre dans sa bouche depuis sa naissance, excepté du *kvass* [12]. À qui donc la faute? au maudit *moussié*: il t'a appris de belles choses, ce fils de chien, et c'était bien la peine de faire d'un païen ton menin, comme si notre seigneur n'avait pas eu assez de ses propres gens!» J'avais honte; je me retournai et lui dis: «Va-t'en, Savéliitch, je ne veux pas de thé». Mais il était difficile de calmer Savéliitch une fois qu'il s'était mis en train de sermonner. «Vois-tu, vois-tu, Piôtr Andréitch, ce que c'est que de faire des folies? Tu as mal à la tête, tu ne veux rien prendre. Un homme qui s'enivre n'est bon à rien. Bois un peu de saumure de concombres avec du miel, ou bien un demi-verre d'eau-de-vie, pour te dégriser. Qu'en dis-tu?»

Dans ce moment entra un petit garçon qui m'apportait un billet de la part de Zourine. Je le dépliai et lus ce qui suit:

«Cher Piôtr Andréitch, fais-moi le plaisir de m'envoyer, par mon garçon, les cent roubles que tu as perdus hier. J'ai horriblement besoin d'argent. Ton dévoué,

«IVAN ZOURINE.»

Il n'y avait rien à faire. Je donnai à mon visage une expression d'indifférence, et, m'adressant à Savéliitch, je lui commandai de remettre cent roubles au petit garçon.

«Comment? pourquoi? me demanda-t-il tout surpris.

--Je les lui dois, répondis-je aussi froidement que possible.

--Tu les lui dois? repartit Savéliitch, dont l'étonnement redoublait. Quand donc as-tu eu le temps de contracter une pareille dette? C'est impossible. Fais ce que tu veux, seigneur, mais je ne donnerai pas cet argent.»

Je me dis alors que si, dans ce moment décisif, je ne forçais pas ce vieillard obstiné à m'obéir, il me serait difficile dans la suite d'échapper à sa tutelle. Lui jetant un regard hautain, je lui dis: «Je suis ton maître, tu es mon domestique. L'argent est à moi; je l'ai perdu parce que j'ai voulu le perdre. Je te conseille de ne pas faire l'esprit fort et d'obéir quand on te commande.»

Mes paroles firent une impression si profonde sur Savéliitch, qu'il frappa des mains, et resta muet, immobile. «Que fais-tu là comme un pieu?» m'écriai-je avec colère. Savéliitch se mit à pleurer. «Ô mon père Piôtr Andréitch, balbutia-t-il d'une voix tremblante, ne me fais pas mourir de douleur. Ô ma lumière, écoute-moi, moi vieillard; écris à ce brigand que tu n'as fait que plaisanter, que nous n'avons jamais eu tant d'argent. Cent roubles! Dieu de bonté!... Dis-lui que tes parents t'ont sévèrement défendu de jouer autre chose que des noisettes.

--Te tairas-tu? lui dis-je en l'interrompant avec sévérité; donne l'argent ou je te chasse d'ici à coups de poing.» Savéliitch me regarda avec une profonde expression de douleur, et alla chercher mon argent. J'avais pitié du pauvre vieillard; mais je voulais m'émanciper et prouver que je n'étais pas un enfant. Zourine eut ses cent roubles. Savéliitch s'empressa de me faire quitter la maudite auberge; il entra en m'annonçant que les chevaux étaient attelés. Je partis de Simbirsk avec une conscience inquiète et des remords silencieux, sans prendre congé de mon maître et sans penser que je dusse le revoir jamais.

# LE GUIDE

Mes réflexions pendant le voyage n'étaient pas très agréables. D'après la valeur de l'argent à cette époque, ma perte était de quelque importance. Je ne pouvais m'empêcher de convenir avec moi-même que ma conduite à l'auberge de Simbirsk avait été des plus sottes, et je me sentais coupable envers Savéliitch. Tout cela me tourmentait. Le vieillard se tenait assis, dans un silence morne, sur le devant du traîneau, en détournant la tête et en faisant entendre de loin en loin une toux de mauvaise humeur. J'avais fermement résolu de faire ma paix avec lui; mais je ne savais par où commencer. Enfin je lui dis: «Voyons, voyons, Savéliitch, finissons-en, faisons la paix. Je reconnais moi-même que je suis fautif. J'ai fait hier des bêtises et je t'ai offensé sans raison. Je te promets d'être plus sage à l'avenir et de te mieux écouter. Voyons, ne te fâche plus, faisons la paix.

--Ah! mon père Piôtr Andréitch, me répondit-il avec un profond soupir, je suis fâché contre moi-même, c'est moi qui ai tort par tous les bouts. Comment ai-je pu te laisser seul dans l'auberge? Mais que faire? Le diable s'en est mêlé. L'idée m'est venue d'aller voir la femme du diacre qui est ma commère, et voilà, comme dit le proverbe: j'ai quitté la maison et suis tombé dans la prison. Quel malheur! quel malheur! Comment reparaître aux yeux de mes maîtres? Que diront-ils quand ils sauront que leur enfant est buveur et joueur?»

Pour consoler le pauvre Savéliitch, je lui donnai ma parole qu'à l'avenir je ne disposerais pas d'un seul kopek sans son consentement. Il se calma peu à peu, ce qui ne l'empêcha point cependant de grommeler encore de temps en temps en branlant la tête: «Cent roubles! c'est facile à dire».

J'approchais du lieu de ma destination. Autour de moi s'étendait un désert triste et sauvage, entrecoupé de petites collines et de ravins profonds. Tout était couvert de neige. Le soleil se couchait. Ma *kibitka* suivait l'étroit chemin, ou plutôt la trace qu'avaient laissée les traîneaux de paysans. Tout à coup mon cocher jeta les yeux de côté, et s'adressant à moi: «Seigneur, dit-il en ôtant son bonnet, n'ordonnes-tu pas de retourner en arrière?

--Pourquoi cela?

--Le temps n'est pas sûr. Il fait déjà un petit vent. Vois-tu comme il roule la neige du dessus?

--Eh bien! qu'est-ce que cela fait?

--Et vois-tu ce qu'il y a là-bas? (Le cocher montrait avec son fouet le côté de l'orient.)

--Je ne vois rien de plus que la steppe blanche et le ciel serein.

--Là, là, regarde... ce petit nuage.»

J'aperçus, en effet, sur l'horizon un petit nuage blanc que j'avais pris d'abord pour une colline éloignée. Mon cocher m'expliqua que ce petit nuage présageait un *bourane* [13].

J'avais ouï parler des *chasse-neige* de ces contrées, et je savais qu'ils engloutissent quelquefois des caravanes entières. Savéliitch, d'accord avec le cocher, me conseillait de revenir sur nos pas. Mais le vent ne me parut pas fort; j'avais l'espérance d'arriver à temps au prochain relais: j'ordonnai donc de redoubler de vitesse.

Le cocher mit ses chevaux au galop; mais il regardait sans cesse du côté de l'orient. Cependant le vent soufflait de plus en plus fort. Le petit nuage devint bientôt une grande nuée blanche qui s'élevait lourdement, croissait, s'étendait, et qui finit par envahir le ciel tout entier. Une neige fine commença à tomber et tout à coup se précipita à gros flocons. Le vent se mit à siffler, à hurler. C'était un *chasse-neige*. En un instant le ciel sombre se confondit avec la mer de neige que le vent soulevait de terre. Tout disparut. «Malheur à nous, seigneur! s'écria le cocher; c'est un *bourane*.»

Je passai la tête hors de la *kibitka*; tout était obscurité et tourbillon. Le vent soufflait avec une expression tellement féroce, qu'il semblait en être animé. La neige s'amoncelait sur nous et nous couvrait. Les chevaux allaient au pas, et ils s'arrêtèrent bientôt. «Pourquoi n'avances-tu pas? dis-je au cocher avec impatience.

--Mais où avancer? répondit-il en descendant du traîneau. Dieu seul sait où nous sommes maintenant. Il n'y a plus de chemin et tout est sombre.»

Je me mis à le gronder, mais Savéliitch prit sa défense. «Pourquoi ne l'avoir pas écouté? me dit-il avec colère. Tu serais retourné au relais; tu aurais pris du thé; tu aurais dormi jusqu'au matin; l'orage se serait calmé et nous serions partis. Et pourquoi tant de hâte? Si c'était pour aller se marier, passe.»

Savéliitch avait raison. Qu'y avait-il à faire? La neige continuait de tomber; un amas se formait autour de la *kibitka*. Les chevaux se tenaient immobiles, la tête baissée, et tressaillaient de temps en temps. Le cocher marchait autour d'eux, rajustant leur harnais, comme s'il n'eût eu autre chose à faire. Savéliitch grondait. Je regardais de tous côtés, dans l'espérance d'apercevoir quelque indice d'habitation ou de chemin; mais je ne pouvais voir que le tourbillonnement confus du *chasse-neige*... Tout à coup je crus distinguer quelque chose de noir. «Holà! cocher, m'écriai-je, qu'y a-t-il de noir là-bas?» Le cocher se mit à regarder attentivement du côté que j'indiquais, «Dieu le sait, seigneur, me répondit-il en reprenant son siège; ce n'est pas un arbre, et il me semble que cela se meut. Ce doit être un loup ou un homme.»

Je lui donnai l'ordre de se diriger sur l'objet inconnu, qui vint aussi à notre rencontre. En deux minutes nous étions arrivés sur la même ligne, et je reconnus un homme.

«Holà! brave homme, lui cria le cocher; dis-nous, ne sais-tu pas le chemin?

--Le chemin est ici, répondit le passant; je suis sur un endroit dur. Mais à quoi diable cela sert-il?

--Écoute, mon petit paysan, lui dis-je; est-ce que tu connais cette contrée? Peux-tu nous conduire jusqu'à un gîte pour y passer la nuit?

--Cette contrée? Dieu merci, repartit le passant, je l'ai parcourue à pied et en voiture, en long et en large. Mais vois quel temps? Tout de suite on perd la route. Mieux vaut s'arrêter ici et attendre; peut-être l'ouragan cessera. Et le ciel sera serein, et nous trouverons le chemin avec les étoiles.»

Son sang-froid me donna du courage. Je m'étais déjà décidé, en m'abandonnant à la grâce de Dieu, à passer la nuit dans la steppe, lorsque tout à coup le passant s'assit sur le banc qui faisait le siège du cocher: «Grâce à Dieu, dit-il à celui-ci, une habitation n'est pas loin. Tourne à droite et marche.

--Pourquoi irais-je à droite? répondit mon cocher avec humeur. Où vois-tu le chemin? Alors il faut dire: chevaux à autrui, harnais aussi, fouette sans répit.»

Le cocher me semblait avoir raison. «En effet, dis-je au nouveau venu, pourquoi crois-tu qu'une habitation n'est pas loin?

--Le vent a soufflé de là, répondit-il, et j'ai senti une odeur de fumée, preuve qu'une habitation est proche.»

Sa sagacité et la finesse de son odorat me remplirent d'étonnement. J'ordonnai au cocher d'aller où l'autre voulait. Les chevaux marchaient lourdement dans la neige profonde. La *kibitka* s'avançait avec lenteur, tantôt soulevée sur un amas, tantôt précipitée dans une fosse et se balançant de côté et d'autre. Cela ressemblait beaucoup aux mouvements d'une barque sur la mer agitée. Savéliitch poussait des gémissements profonds, en tombant à chaque instant sur moi. Je baissai la *tsinovka* [14], je m'enveloppai dans ma pelisse et m'endormis, bercé par le chant de la tempête et le roulis du traîneau. J'eus alors un songe que je n'ai plus oublié et dans lequel je vois encore quelque chose de prophétique, en me rappelant les étranges aventures de ma vie. Le lecteur m'excusera si je le lui raconte, car il sait sans doute par sa propre expérience combien il est naturel à l'homme de s'abandonner à la superstition, malgré tout le mépris qu'on affiche pour elle.

J'étais dans cette disposition de l'âme où la réalité commence à se perdre dans la fantaisie, aux premières visions incertaines de l'assoupissement. Il me semblait que le *bourane* continuait toujours et que nous errions sur le désert de neige. Tout à coup je crus voir une porte cochère, et nous entrâmes dans la cour de notre maison seigneuriale.

Ma première idée fut la peur que mon père ne se fâchât de mon retour involontaire sous le toit de la famille, et ne l'attribuât à une désobéissance calculée. Inquiet, je sors de ma *kibitka*, et je vois ma mère venir à ma rencontre avec un air de profonde tristesse. «Ne fais pas de bruit, me dit-elle; ton père est à l'agonie et désire te dire adieu.» Frappé d'effroi, j'entre à sa suite dans la chambre à coucher. Je regarde; l'appartement est à peine éclairé. Près du lit se tiennent des gens à la figure triste et abattue. Je m'approche sur la pointe du pied. Ma mère soulève le rideau et dit: «André Pétrovitch, Pétroucha est de retour; il est revenu en apprenant ta maladie. Donne-lui ta bénédiction.» Je me mets à genoux et j'attache mes regards sur le mourant. Mais quoi! au lieu de mon père, j'aperçois dans le lit un paysan à barbe noire, qui me regarde d'un air de gaieté. Plein de surprise, je me tourne vers ma mère: «Qu'est-se que cela veut dire? m'écriai-je; ce n'est pas mon père. Pourquoi veux-tu que je demande sa bénédiction à ce paysan?--C'est la même chose, Pétroucha, répondit ma mère; celui-là est ton *père assis* [15]; baise-lui la main et qu'il te bénisse.» Je ne voulais pas y consentir. Alors le paysan s'élança du lit, tira vivement sa hache de sa ceinture et se mit à la brandir en tous sens. Je voulus m'enfuir, mais je ne le pus pas. La chambre se remplissait de cadavres. Je trébuchais contre eux; mes pieds glissaient dans des mares de sang. Le terrible paysan m'appelait avec douceur en me disant: «Ne crains rien, approche, viens que je te bénisse». L'effroi et la stupeur s'étaient emparés de moi...

En ce moment je m'éveillai. Les chevaux étaient arrêtés; Savéliitch me tenait par la main. «Sors, seigneur, me dit-il, nous sommes arrivés.

--Où sommes-nous arrivés? demandai-je en me frottant les yeux.

--Au gîte; Dieu nous est venu en aide; nous sommes tombés droit sur la haie de la maison. Sors, seigneur, plus vite, et viens te réchauffer.»

Je quittai la *kibitka*. Le *bourane* durait encore, mais avec une moindre violence. Il faisait si noir qu'on pouvait, comme on dit, se crever l'oeil. L'hôte nous reçut près de la porte d'entrée, en tenant une lanterne sous le pan de son cafetan, et nous introduisit dans une chambre petite, mais assez propre. Une *loutchina* [16] l'éclairait. Au milieu étaient suspendues une longue carabine et un haut bonnet de Cosaque.

Notre hôte, Cosaque du Iaïk [17], était un paysan d'une soixantaine d'années, encore frais et vert. Savéliitch apporta la cassette à thé, et demanda du feu pour me faire quelques tasses, dont je n'avais jamais eu plus grand besoin. L'hôte se hâta de le servir.

«Où donc est notre guide? demandai-je à Savéliitch.

--Ici, Votre Seigneurie», répondit une voix d'en haut.

Je levai les yeux sur la soupente, et je vis une barbe noire et deux yeux étincelants.

«Eh bien! as-tu froid?

--Comment n'avoir pas froid dans un petit cafetan tout troué? J'avais un *touloup*; mais, à quoi bon m'en cacher, je l'ai laissé en gage hier chez le marchand d'eau-de-vie; le froid ne me semblait pas vif.»

En ce moment l'hôte rentra avec le *samovar* [18] tout bouillant. Je proposai à notre guide une tasse de thé. Il descendit aussitôt de la soupente. Son extérieur me parut remarquable. C'était un homme d'une quarantaine d'années, de taille moyenne, maigre, mais avec de larges épaules. Sa barbe noire commençait à grisonner. Ses grands yeux vifs ne restaient jamais tranquilles. Il avait dans la physionomie une expression assez agréable, mais non moins malicieuse. Ses cheveux étaient coupés en rond. Il portait un petit *armak* [19] déchiré et de larges pantalons tatars. Je lui offris une tasse de thé, il en goûta et fit la grimace.

«Faites-moi la grâce, Votre Seigneurie, me dit-il, de me faire donner un verre d'eau-de-vie; le thé n'est pas notre boisson de Cosaques.»

J'accédais volontiers à son désir. L'hôte prit sur un des rayons de l'armoire un broc et un verre, s'approcha de lui, et, l'ayant regardé bien en face: «Eh! eh! dit-il, te voilà de nouveau dans nos parages! D'où Dieu t'a-t-il amené?»

Mon guide cligna de l'oeil d'une façon toute significative et répondit par le dicton connu: «Le moineau volait dans le verger; il mangeait de la graine de chanvre; la grand'mère lui jeta une pierre et le manqua. Et vous, comment vont les vôtres?

--Comment vont les nôtres? répliqua l'hôtelier en continuant de parler proverbialement. On commençait à sonner les vêpres, mais la femme du pope l'a défendu; le pope est allé en visite et les diables sont dans le cimetière.

--Tais-toi, notre oncle, riposta le vagabond; quand il y aura de la pluie, il y aura des champignons, et quand il y aura des champignons, il aura une corbeille pour les mettre. Mais maintenant (il cligna de l'oeil une seconde fois), remets ta hache derrière ton dos [20]; le garde forestier se promène. À la santé de Votre Seigneurie!»

Et, disant ces mots, il prit le verre, fit le signe de la croix et avala d'un trait son eau-de-vie. Puis il me salua et remonta dans la soupente.

Je ne pouvais alors deviner un seul mot de ce jargon de voleur. Ce n'est que dans la suite que je compris qu'ils parlaient des affaires de l'armée du laïk, qui venait seulement d'être réduite à l'obéissance après la révolte de 1772. Savéliitch les écoutait parler d'un air fort mécontent et jetait des regards soupçonneux tantôt sur l'hôte, tantôt sur le guide. L'espèce d'auberge où nous nous étions réfugiés se trouvait au beau milieu de la steppe, loin de la route et de toute habitation, et ressemblait beaucoup à un rendez-vous de voleurs. Mais que faire? On ne pouvait pas même penser à se remettre en route. L'inquiétude de Savéliitch me divertissait beaucoup. Je m'étendis sur un banc; mon vieux serviteur se décida enfin à monter sur la voûte du poêle [21]; l'hôte se coucha par terre. Ils se mirent bientôt tous à ronfler, et moi-même je m'endormis comme un mort.

En m'éveillant le lendemain assez tard, je m'aperçus que l'ouragan avait cessé. Le soleil brillait; la neige s'étendait au loin comme une nappe éblouissante. Déjà les chevaux étaient attelés. Je payai l'hôte, qui me demanda pour mon écot une telle misère, que Savéliitch lui-même ne le marchanda pas, suivant son habitude constante. Ses soupçons de la veille s'étaient envolés tout à fait. J'appelai le guide pour le remercier du service qu'il nous avait rendu, et dis à Savéliitch de lui donner un demi-rouble de gratification.

Savéliitch fronça le sourcil. «Un demi-rouble! s'écria-t-il; pourquoi cela? parce que tu as daigné toi-même l'amener à l'auberge? Que ta volonté sois faite, seigneur; mais nous n'avons pas un demi-rouble de trop. Si nous nous mettons à donner des pourboires à tout le monde, nous finirons par mourir de faim.»

Il m'était impossible de disputer contre Savéliitch; mon argent, d'après ma promesse formelle, était à son entière discrétion. Je trouvais pourtant désagréable de ne pouvoir récompenser un homme qui m'avait tiré, sinon d'un danger de mort, au moins d'une position fort embarrassante.

«Bien, dis-je avec sang-froid à Savéliitch, si tu ne veux pas donner un demi-rouble, donne-lui quelqu'un de mes vieux habits; il est trop légèrement vêtu. Donne-lui mon *touloup* de peau de lièvre.

--Aie pitié de moi, mon père Piotr Andréitch, s'écria Savéliitch; qu'a-t-il besoin de ton *touloup*? il le boira, le chien, dans le premier cabaret.

-Ceci, mon petit vieux, ce n'est plus ton affaire, dit le vagabond, que je le boive ou que je ne le boive pas. Sa Seigneurie me fait la grâce d'une pelisse de son épaule [22]; c'est sa volonté de seigneur, et ton devoir de serf est de ne pas regimber, mais d'obéir.

--Tu ne crains pas Dieu, brigand que tu es, dit Savéliitch d'une voix fâchée. Tu vois que l'enfant n'a pas encore toute sa raison, et te voilà tout content de le piller, grâce à son bon coeur. Qu'as-tu besoin d'un *touloup* de seigneur? Tu ne pourrais pas même le mettre sur tes maudites grosses épaules.

--Je te prie de ne pas faire le bel esprit, dis-je à mon menin; apporte vite le *touloup*.

--Oh! Seigneur mon Dieu! s'écria Savéliitch en gémissant. Un *touloup* en peau de lièvre et complètement neuf encore! À qui le donne-ton? À un ivrogne en guenilles.»

Cependant le *touloup* fut apporté. Le vagabond se mit à l'essayer aussitôt. Le *touloup*, qui était déjà devenu trop petit pour ma taille, lui était effectivement beaucoup trop étroit. Cependant il parvint à le mettre avec peine, en faisant éclater toutes les coutures. Savéliitch poussa comme un hurlement étouffé lorsqu'il entendit le craquement des fils. Pour le vagabond, il était très content de mon cadeau. Aussi me reconduisit-il jusqu'à ma *kibitka*, et il me dit avec un profond salut: «Merci, Votre Seigneurie; que Dieu vous récompense pour votre vertu. De ma vie je n'oublierai vos bontés.» Il s'en alla de son côté, et je partis du mien, sans faire attention aux bouderies de Savéliitch. J'oubliai bientôt le *bourane*, et le guide, et mon *touloup* en peau de lièvre.

Arrivé à Orenbourg, je me présentai directement au général. Je trouvai un homme de haute taille, mais déjà courbé par la vieillesse. Ses longs cheveux étaient tout blancs. Son vieil uniforme usé rappelait un soldat du temps de l'impératrice Anne, et ses discours étaient empreints d'une forte prononciation allemande. Je lui remis la lettre de mon père. En lisant son nom, il me jeta un coup d'oeil rapide: «Mon Dieu, dit-il, il y a si peu de temps qu'André Pétrovich était de ton ache; et maintenant, quel peau caillard de fils il a! Ah! le temps, le temps...»

Il ouvrit la lettre et se mit à la parcourir à demi-voix, en accompagnant sa lecture de remarques: «Monsieur, j'espère que Votre Excellence...» Qu'est-ce que c'est que ces cérémonies? Fi! comment n'a-t-il pas de honte? Sans doute, la discipline avant tout; mais est-ce ainsi qu'on écrit à son vieux camarade?... «Votre Excellence n'aura pas oublié!...» Hein!... «Eh!... quand... sous feu le feld-maréchal Munich... pendant la campagne... de même que... nos bonnes parties de cartes.» Eh! eh! *Bruder!* il se souvient donc encore de nos anciennes fredaines? «Maintenant parlons affaires... Je vous envoie mon espiègle...» «Hum!... le tenir avec des gants de porc-épic...» Qu'est-ce que cela, gants de porc-épic? ce doit être un proverbe russe... Qu'est-ce que c'est, tenir avec des gants de porc-épic? reprit-il en se tournant vers moi.

--Cela signifie, lui répondis-je avec l'air le plus innocent du monde, traiter quelqu'un avec bonté, pas trop sévèrement, lui laisser beaucoup de liberté. Voilà ce que signifie tenir avec des gants de porc-épic.

--Hum! je comprends... «Et ne pas lui donner de liberté...» Non, il paraît que gants de porc-épic signifie autre chose... «Ci-joint son brevet...» Où donc est-il? Ah! le voici... «L'inscrire au régiment de Séménofski...» C'est bon, c'est bon; on fera ce qu'il faut... «Me permettre de vous embrasser sans cérémonie, et... comme un vieux ami et camarade.» Ah! enfin, il s'en est souvenu... Etc., etc... Allons, mon petit père, dit-il après avoir achevé la lettre et mis mon brevet de côté, tout sera fait; tu seras officier dans le régiment de ***; et pour ne pas perdre de temps, va dès demain dans le fort de Bélogorsk, où tu serviras sous les ordres du capitaine Mironoff, un brave et honnête homme. Là, tu serviras véritablement, et tu apprendras la discipline. Tu n'as rien à faire à Orenbourg; les distractions sont dangereuses pour un jeune homme. Aujourd'hui, je t'invite à dîner avec moi.»

«De mal en pis, pensai-je tout bas; à quoi cela m'aura-t-il servi d'être sergent aux gardes dès mon enfance? Où cela m'a-t-il mené? dans le régiment de *** et dans un fort abandonné sur la frontière des steppes kirghises-kaïsaks.» Je dînai chez André Karlovitch, en compagnie de son vieil aide de camp. La sévère économie allemande régnait à sa table, et je pense que l'effroi de recevoir parfois un hôte de plus à son ordinaire de garçon n'avait pas été étranger à mon prompt éloignement dans une garnison perdue. Le lendemain je pris congé du général et partis pour le lieu de ma destination.

# LA FORTERESSE

La forteresse de Bélogorsk était située à quarante verstes d'Orenbourg. De cette ville, la route longeait les bords escarpés du Iaïk. La rivière n'était pas encore gelée, et ses flots couleur de plomb prenaient une teinte noire entre les rives blanchies par la neige. Devant moi s'étendaient les steppes kirghises. Je me perdais dans mes réflexions, tristes pour la plupart. La vie de garnison ne m'offrait pas beaucoup d'attraits; je tâchais de me représenter mon chef futur, le capitaine Mironoff. Je m'imaginais un vieillard sévère et morose, ne sachant rien en dehors du service et prêt à me mettre aux arrêts pour la moindre vétille. Le crépuscule arrivait; nous allions assez vite.

«Y a-t-il loin d'ici à la forteresse? demandai-je au cocher.

--Mais on la voit d'ici», répondit-il.

Je me mis à regarder de tous côtés, m'attendant à voir de hauts bastions, une muraille et un fossé. Mais je ne vis rien qu'un petit village entouré d'une palissade en bois. D'un côté s'élevaient trois ou quatre tas de foin, à demi recouverts de neige; d'un autre, un moulin à vent penché sur le côté, et dont les ailes, faites de grosse écorce de tilleul, pendaient paresseusement.

«Où donc est la forteresse? demandai-je étonné.

--Mais la voilà», repartit le cocher en me montrant le village où nous venions de pénétrer.

J'aperçus près de la porte un vieux canon en fer. Les rues étaient étroites et tortueuses; presque toutes les *isbas* [23] étaient couvertes en chaume. J'ordonnai qu'on me menât chez le commandant, et presque aussitôt ma *kibitka* s'arrêta devant une maison en bois, bâtie sur une éminence, près de l'église, qui était en bois également.

Personne ne vint à ma rencontre. Du perron j'entrai dans l'antichambre. Un vieil invalide, assis sur une table, était occupé à coudre une pièce bleue au coude d'un uniforme vert. Je lui dis de m'annoncer. «Entre, mon petit père, me dit l'invalide, les nôtres sont à la maison.» Je pénétrai dans une chambre très propre, arrangée à la vieille mode. Dans un coin était dressée une armoire avec de la vaisselle. Contre la muraille un diplôme d'officier pendait encadré et sous verre. Autour du cadre étaient rangés des *tableaux d'écorce* [24], qui représentaient la *Prise de Kustrin* et d'*Otchakov*, le *Choix de la fiancée* et l'*Enterrement du chat par les souris*. Près de la fenêtre se tenait assise une vieille femme en mantelet, la tête enveloppée d'un mouchoir. Elle était occupée à dévider du fil que tenait, sur ses mains écartées, un petit vieillard borgne en habit d'officier. «Que désirez-vous, mon petit père?» me dit-elle sans interrompre son occupation. Je répondis que j'étais venu pour entrer au service, et que, d'après la règle, j'accourais me présenter à monsieur le capitaine. En disant cela, je me tournai vers le petit vieillard borgne, que j'avais pris pour le commandant. Mais la bonne dame interrompit le discours que j'avais préparé à l'avance.

**UNE VIEILLE FEMME ÉTAIT OCCUPÉE À DÉVIDER DU FIL.**

«Ivan Kouzmitch [25] n'est pas à la maison, dit-elle. Il est allé en visite chez le père Garasim. Mais c'est la même chose, je suis sa femme. Veuillez nous aimer et nous avoir en grâce [26]. Assieds-toi, mon petit père.»

Elle appela une servante et lui dit de faire venir l'*ouriadnik* [27]. Le petit vieillard me regardait curieusement de son oeil unique. «Oserais-je vous demander, me dit-il, dans quel régiment vous avez daigné servir?» Je satisfis sa curiosité.

«Et oserais-je vous demander, continua-t-il; pourquoi vous avez daigné passer de la garde dans notre garnison?»

Je répondis que c'était par ordre de l'autorité.

«Probablement pour des actions peu séantes à un officier de la garde? reprit l'infatigable questionneur.

--Veux-tu bien cesser de dire des bêtises? lui dit la femme du capitaine. Tu vois bien que ce jeune homme est fatigué de la route. Il a autre chose à faire que de te répondre. Tiens mieux tes mains. Et toi, mon petit père, continua-t-elle en se tournant vers moi, ne t'afflige pas trop de ce qu'on t'ait fourré dans notre bicoque; tu n'es pas le premier, tu ne seras pas le dernier. On souffre, mais on s'habitue. Tenez, Chvabrine, Alexéi Ivanitch [28], il y a déjà quatre ans qu'on l'a transféré chez nous pour un meurtre. Dieu sait quel malheur lui était arrivé. Voilà qu'un jour il est sorti de la ville avec un lieutenant; et ils avaient pris des épées, et ils se mirent à se piquer l'un l'autre, et Alexéi Ivanitch a tué le lieutenant, et encore devant deux témoins. Que veux-tu! contre le malheur il n'y a pas de maître.»

En ce moment entre l'*ouriadnik*, jeune et beau Cosaque. «Maximitch, lui dit la femme du capitaine, donne un logement à monsieur l'officier, et propre.

--J'obéis, Vassilissa Iégorovna [29], répondit l'*ouriadnik*. Ne faut-il pas mettre Sa Seigneurie chez Ivan Poléjaïeff?

--Tu radotes, Maximitch, répliqua la commandante; Poléjaïeff est déjà logé très à l'étroit; et puis c'est mon compère; et puis il n'oublie pas que nous sommes ses chefs. Conduis monsieur l'officier... Comment est votre nom, mon petit père?

--Piôtr Andréitch.

--Conduis Piôtr Andréitch chez Siméon Kouzoff. Le coquin a laissé entrer son cheval dans mon potager. Est-ce que tout est en ordre, Maximitch?

--Grâce à Dieu, tout est tranquille, répondit le Cosaque; il n'y a que le caporal Prokoroff qui s'est battu au bain avec la femme Oustinia Pégoulina pour un seau d'eau chaude.

--Ivan Ignatiitch [30], dit la femme du capitaine au petit vieillard borgne, juge entre Prokoroff et Oustinia qui est fautif, et punis-les tous deux.

--C'est bon, Maximitch, va-t'en avec Dieu.

--Piôtr Andréitch, Maximitch vous conduira à votre logement.»

Je pris congé; l'*ouriadnik* me conduisit à une *isba* qui se trouvait sur le bord escarpé de la rivière, tout au bout de la forteresse. La moitié de l'*isba* était occupée par la famille de Siméon Kouzoff, l'autre me fut abandonnée. Cette moitié se composait d'une chambre assez propre, coupée en deux par une cloison. Savéliitch commença à s'y installer, et moi, je regardai par l'étroite fenêtre. Je voyais devant moi s'étendre une steppe nue et triste; sur le côté s'élevaient des cabanes. Quelques poules erraient dans la rue. Une vieille femme, debout sur le perron et tenant une auge à la main, appelait des cochons qui lui répondaient par un grognement amical. Et voilà dans quelle contrée j'étais condamné à passer ma jeunesse!... Une tristesse amère me saisit; je quittai la fenêtre et me couchai sans souper, malgré les exhortations de Savéliitch, qui ne cessait de répéter, avec angoisse: «Ô Seigneur Dieu! il ne daigne rien manger. Que dirait ma maîtresse si l'enfant allait tomber malade?»

Le lendemain, à peine avais-je commencé de m'habiller, que la porte de ma chambre s'ouvrit. Il entra un jeune officier, de petite taille, de traits peu réguliers, mais dont la figure basanée avait une vivacité remarquable.

«Pardonnez-moi, me dit-il en français, si je viens ainsi sans cérémonie faire votre connaissance. J'ai appris hier votre arrivée, et le désir de voir enfin une figure humaine s'est tellement emparé de moi que je n'ai pu y résister plus longtemps. Vous comprendrez cela quand vous aurez vécu ici quelque temps.»

Je devinai sans peine que c'était l'officier renvoyé de la garde pour l'affaire du duel. Nous fîmes connaissance. Chvabrine avait beaucoup d'esprit. Sa conversation était animée, intéressante. Il me dépeignit avec beaucoup de verve et de gaieté la famille du commandant, sa société et en général toute la contrée où le sort m'avait jeté. Je riais de bon coeur, lorsque ce même invalide, que j'avais vu rapiécer son uniforme dans l'antichambre du capitaine, entra et m'invita à dîner de la part de Vassilissa Iégorovna. Chvabrine déclara qu'il m'accompagnait.

En nous approchant de la maison du commandant, nous vîmes sur la place une vingtaine de petits vieux invalides, avec de longues queues et des chapeaux à trois cornes. Ils étaient rangés en ligne de bataille. Devant eux se tenait le commandant, vieillard encore vert et de haute taille, en robe de chambre et en bonnet de coton. Dès qu'il nous aperçut, il s'approcha de nous, me dit quelques mots affables, et se remit à commander l'exercice. Nous allions nous arrêter pour voir les manoeuvres, mais il nous pria d'aller sur-le-champ chez Vassilissa Iégorovna, promettant qu'il nous rejoindrait aussitôt. «Ici, nous dit-il, vous n'avez vraiment rien à voir.»

Vassilissa Iégorovna nous reçut avec simplicité et bonhomie, et me traita comme si elle m'eût dès longtemps connu. L'invalide et Palachka mettaient la nappe.

«Qu'est-ce qu'a donc aujourd'hui mon Ivan Kouzmitch à instruire si longtemps ses troupes? dit la femme du commandant. Palachka, va le chercher pour dîner. Mais où est donc Macha [31]?»

À peine avait-elle prononcé ce nom, qu'entra dans la chambre une jeune fille de seize ans, au visage rond, vermeil, ayant les cheveux lissés en bandeau et retenus derrière ses oreilles que rougissaient la pudeur et l'embarras. Elle ne me plut pas extrêmement au premier coup d'oeil; je la regardai avec prévention. Chvabrine m'avait dépeint Marie, la fille du capitaine, sous les traits d'une sotte. Marie Ivanovna alla s'asseoir dans un coin et se mit à coudre. Cependant on avait apporté le *chtchi* [32]. Vassilissa Iégorovna, ne voyant pas revenir son mari, envoya pour la seconde fois Palachka l'appeler.

«Dis au maître que les visites attendent; le *chtchi* se refroidit. Grâce à Dieu, l'exercice ne s'en ira pas, il aura tout le temps de s'égosiller à son aise.»

Le capitaine apparut bientôt, accompagné du petit vieillard borgne.

«Qu'est-ce que cela, mon petit père? lui dit sa femme. La table est servie depuis longtemps, et l'on ne peut pas te faire venir.

--Vois-tu bien, Vassilissa Iégorovna, répondit Ivan Kouzmitch, j'étais occupé de mon service, j'instruisais mes petits soldats.

--Va, va, reprit-elle, ce n'est qu'une vanterie. Le service ne leur va pas, et toi tu n'y comprends rien. Tu aurais dû rester à la maison, à prier le bon Dieu; ça t'irait bien mieux. Mes chers convives, à table, je vous prie.»

Nous prîmes place pour dîner. Vassilissa Iégorovna ne se taisait pas un moment et m'accablait de questions; qui étaient mes parents, s'ils étaient en vie, où ils demeuraient, quelle était leur fortune? Quand elle sut que mon père avait trois cents paysans:

«Voyez-vous! s'écria-t-elle, y a-t-il des gens riches dans ce monde! Et nous, mon petit père, en fait d'*âmes* [33], nous n'avons que la servante Palachka. Eh bien, grâce à Dieu, nous vivons petit à petit. Nous n'avons qu'un souci, c'est Macha, une fille qu'il faut marier. Et quelle dot a-t-elle? Un peigne et quatre sous vaillant pour se baigner deux fois par an. Pourvu qu'elle trouve quelque brave homme! sinon, la voilà éternellement fille.»

Je jetai un coup d'oeil sur Marie Ivanovna; elle était devenue toute rouge, et des larmes roulèrent jusque sur son assiette. J'eus pitié d'elle, et je m'empressai de changer de conversation.

«J'ai ouï dire, m'écriai-je avec assez d'à-propos, que les Bachkirs ont l'intention d'attaquer votre forteresse.

--Qui t'a dit cela, mon petit père? reprit Ivan Kouzmitch.

--Je l'ai entendu dire à Orenbourg, répondis-je.

--Folies que tout cela, dit le commandant; nous n'en avons pas entendu depuis longtemps le moindre mot. Les Bachkirs sont un peuple intimidé, et les Kirghises aussi ont reçu de bonnes leçons. Ils n'oseront pas s'attaquer à nous, et s'ils s'en avisent, je leur imprimerai une telle terreur, qu'ils ne remueront plus de dix ans.

--Et vous ne craignez pas, continuai-je en m'adressant à la femme du capitaine, de rester dans une forteresse exposée à de tels dangers?

--Affaire d'habitude, mon petit père, reprit-elle. Il y a de cela vingt ans, quand on nous transféra du régiment ici, tu ne saurais croire comme j'avais peur de ces maudits païens. S'il m'arrivait parfois de voir leur bonnet à poil, si j'entendais leurs hurlements, crois bien, mon petit père, que mon coeur se resserrait à mourir. Et maintenant j'y suis si bien habituée, que je ne bougerais pas de ma place quand on viendrait me dire que les brigands rôdent autour de la forteresse.

--Vassilissa Iégorovna est une dame très brave, observa gravement Chvabrine; Ivan Kouzmitch en sait quelque chose.

--Mais oui, vois-tu bien! dit Ivan Kouzmitch, elle n'est pas de la douzaine des poltrons.

--Et Marie Ivanovna, demandai-je à sa mère, est-elle aussi hardie que vous?

--Macha! répondit la dame; non, Macha est une poltronne. Jusqu'à présent elle n'a pu entendre le bruit d'un coup de fusil sans trembler de tous ses membres. Il y a de cela deux ans, quand Ivan Kouzmitch s'imagina, le jour de ma fête, de faire tirer son canon, elle eut si peur, le pauvre pigeonneau, qu'elle manqua de s'en aller dans l'autre monde. Depuis ce jour-là, nous n'avons plus tiré ce maudit canon.»

Nous nous levâmes de table; le capitaine et sa femme allèrent dormir la sieste, et j'allai chez Chvabrine, où nous passâmes ensemble la soirée.

# LE DUEL

Il se passa plusieurs semaines, pendant lesquelles ma vie dans la forteresse de Bélogorsk devint non seulement supportable, mais agréable même. J'étais reçu comme un membre de la famille dans la maison du commandant. Le mari et la femme étaient d'excellentes gens. Ivan Kouzmitch, qui d'enfant de troupe était parvenu au rang d'officier, était un homme tout simple et sans éducation, mais bon et loyal. Sa femme le menait, ce qui, du reste, convenait fort à sa paresse naturelle. Vassilissa Iégorovna dirigeait les affaires du service comme celles de son ménage, et commandait dans toute la forteresse comme dans sa maison. Marie Ivanovna cessa bientôt de se montrer sauvage. Nous fîmes plus ample connaissance. Je trouvai en elle une fille pleine de coeur et de raison. Peu à peu je m'attachai à cette bonne famille, même à Ivan Ignatiitch, le lieutenant borgne.

Je devins officier. Mon service ne me pesait guère. Dans cette forteresse bénie de Dieu, il n'y avait ni exercice à faire, ni garde à monter, ni revue à passer. Le commandant instruisait quelquefois ses soldats pour son propre plaisir. Mais il n'était pas encore parvenu à leur apprendre quel était le côté droit, quel était le côté gauche. Chvabrine avait quelques livres français; je me mis à lire, et le goût de la littérature s'éveilla en moi. Le matin je lisais, et je m'essayais à des traductions, quelquefois même à des compositions en vers. Je dînais presque chaque jour chez le commandant, où je passais d'habitude le reste de la journée. Le soir, le père Garasim y venait accompagné de sa femme Akoulina, qui était la plus forte commère des environs. Il va sans dire que chaque jour nous nous voyions, Chvabrine et moi. Cependant d'heure en heure sa conversation me devenait moins agréable. Ses perpétuelles plaisanteries sur la famille du commandant, et surtout ses remarques piquantes sur le compte de Marie Ivanovna, me déplaisaient fort. Je n'avais pas d'autre société que cette famille dans la forteresse, mais je n'en désirais pas d'autre.

Malgré toutes les prophéties, les Bachkirs ne se révoltaient pas. La tranquillité régnait autour de notre forteresse. Mais cette paix fut troublée subitement par une guerre intestine.

J'ai déjà dit que je m'occupais un peu de littérature. Mes essais étaient passables pour l'époque, et Soumarokoff [34] lui-même leur rendit justice bien des années plus tard. Un jour, il m'arriva d'écrire une petite chanson dont je fus satisfait. On sait que, sous prétexte de demander des conseils, les auteurs cherchent volontiers un auditeur bénévole; je copiai ma petite chanson, et la portai à Chvabrine, qui seul, dans la forteresse, pouvait apprécier une oeuvre poétique.

Après un court préambule, je tirai de ma poche mon feuillet, et lui lus les vers suivants [35]:

Hélas! en fuyant Macha, j'espère recouvrer ma liberté!
Mais les yeux qui m'ont fait prisonnier sont toujours devant moi.
Toi qui sais mes malheurs, Macha, en me voyant dans cet état cruel, prends pitié de ton prisonnier.»

«Comment trouves-tu cela?» dis-je à Chvabrine, attendant une louange comme un tribut qui m'était dû.

Mais, à mon grand mécontentement, Chvabrine, qui d'ordinaire montrait de la complaisance, me déclara net que ma chanson ne valait rien.

«Pourquoi cela? lui demandai-je en m'efforçant de cacher mon humeur.

--Parce que de pareils vers, me répondit-il, sont dignes de mon maître Trédiakofski [36].»

Il prit le feuillet de mes mains, et se mit à analyser impitoyablement chaque vers, chaque mot, en me déchirant de la façon la plus maligne. Cela dépassa mes forces; je lui arrachai le feuillet des mains, je lui déclarai que, de ma vie, je ne lui montrerais aucune de mes compositions. Chvabrine ne se moqua pas moins de cette menace.

«Voyons, me dit-il, si tu seras en état de tenir ta parole; les poètes ont besoin d'un auditeur, comme Ivan Kouzmitch d'un carafon d'eau-de-vie avant dîner. Et qui est cette Macha? Ne serait-ce pas Marie Ivanovna?

--Ce n'est pas ton affaire, répondis-je en fronçant le sourcil, de savoir quelle est cette Macha. Je ne veux ni de tes avis ni de tes suppositions.

--Oh! oh! poète vaniteux, continua Chvabrine en me piquant de plus en plus. Écoute un conseil d'ami: Macha n'est pas digne de devenir ta femme.

--Tu mens, misérable! lui criai-je avec fureur, tu mens comme un effronté!»

Chvabrine changea de visage. «Cela ne se passera pas ainsi, me dit-il en me serrant la main fortement; vous me donnerez satisfaction.

--Bien, quand tu voudras!» répondis-je avec joie, car dans ce moment j'étais prêt à le déchirer.

Je courus à l'instant chez Ivan Ignatiitch, que je trouvai une aiguille à la main. D'après l'ordre de la femme du commandant, il enfilait des champignons qui devaient sécher pour l'hiver.

«Ah! Piôtr Andréitch, me dit-il en m'apercevant, soyez le bienvenu. Pour quelle affaire Dieu vous a-t-il conduit ici? oserais-je vous demander.»

Je lui déclarai en peu de mots que je m'étais pris de querelle avec Alexéi Ivanitch, et que je le priais, lui, Ivan Ignatiitch, d'être mon second. Ivan Ignatiitch m'écouta jusqu'au bout avec une grande attention, en écarquillant son oeil unique.

«Vous daignez dire, me dit-il, que vous voulez tuer Alexéi Ivanitch, et que j'en suis témoin? c'est là ce que vous voulez dire? oserais-je vous demander.

--Précisément.

--Mais, mon Dieu! Piôtr Andréitch, quelle folie avez-vous en tête? Vous vous êtes dit des injures avec Alexéi Ivanitch; eh bien, la belle affaire! une injure ne se pend pas au cou. Il vous a dit des sottises, dites-lui des impertinences; il vous donnera une tape, rendez-lui un soufflet; lui un second, vous un troisième; et puis allez chacun de votre côté. Dans la suite, nous vous ferons faire la paix. Tandis que maintenant... Est-ce une bonne action de tuer son prochain? oserais-je vous demander. Encore si c'était vous qui dussiez le tuer! que Dieu soit avec lui, car je ne l'aime guère. Mais, si c'est lui qui vous perfore, vous aurez fait un beau coup. Qui est-ce qui payera les pots cassés? oserais-je vous demander.»

Les raisonnements du prudent officier ne m'ébranlèrent pas. Je restai ferme dans ma résolution. «Comme vous voudrez, dit Ivan Ignatiitch, faites ce qui vous plaira; mais à quoi bon serai-je témoin de votre duel? Des gens se battent; qu'y a-t-il là d'extraordinaire? oserais-je vous demander. Grâce à Dieu, j'ai approché de près les Suédois et les Turcs, et j'en ai vu de toutes les couleurs.»

Je tâchai de lui expliquer le mieux qu'il me fut possible quel était le devoir d'un second. Mais Ivan Ignatiitch était hors d'état de me comprendre. «Faites à votre guise, dit-il. Si j'avais à me mêler de cette affaire, ce serait pour aller annoncer à Ivan Kouzmitch, selon les règles du service, qu'il se trame dans la forteresse une action criminelle et contraire aux intérêts de la couronne, et faire observer au commandant combien il serait désirable qu'il avisât aux moyens de prendre les mesures nécessaires...»

J'eus peur, et suppliai Ivan Ignatiitch de ne rien dire au commandant. Je parvins à grand'peine à le calmer. Cependant il me donna sa parole de se taire, et je le laissai en repos.

Comme d'habitude, je passai la soirée chez le commandant. Je m'efforçais de paraître calme et gai, pour n'éveiller aucun soupçon et éviter les questions importunes. Mais j'avoue que je n'avais pas le sang-froid dont se vantent les personnes qui se sont trouvées dans la même position. Toute cette soirée, je me sentis disposé à la tendresse, à la sensibilité. Marie Ivanovna me plaisait plus qu'à l'ordinaire. L'idée que je la voyais peut-être pour la dernière fois lui donnait à mes yeux une grâce touchante. Chvabrine entra. Je le pris à part, et l'informai de mon entretien avec Ivan Ignatiitch.

«Pourquoi des seconds? me dit-il sèchement. Nous nous passerons d'eux.»

Nous convînmes de nous battre derrière les tas de foin, le lendemain matin, à six heures. À nous voir causer ainsi amicalement, Ivan Ignatiitch, plein de joie, manqua nous trahir.

«Il y a longtemps que vous eussiez dû faire comme cela, me dit-il d'un air satisfait: mauvaise paix vaut mieux que bonne querelle.

--Quoi? quoi, Ivan Ignatiitch? dit la femme du capitaine, qui faisait une patience dans un coin; je n'ai pas bien entendu.»

Ivan Ignatiitch, qui, voyant sur mon visage des signes de mauvaise humeur, se rappela sa promesse, devint tout confus, et ne sut que répondre. Chvabrine le tira d'embarras.

«Ivan Ignatiitch, dit-il, approuve la paix que nous avons faite.

--Et avec qui, mon petit père, t'es-tu querellé?

--Mais avec Piôtr Andréitch, et jusqu'aux gros mots.

--Pourquoi cela?

--Pour une véritable misère, pour une chansonnette.

--Beau sujet de querelle, une chansonnette! Comment c'est-il arrivé?

--Voici comment. Piôtr Andréitch a composé récemment une chanson, et il s'est mis à me la chanter ce matin. Comme je la trouvais mauvaise, Piôtr Andréitch s'est fâché. Mais ensuite il a réfléchi que chacun est libre de son opinion et tout est dit.»

L'insolence de Chvabrine me mit en fureur; mais nul autre que moi ne comprit ses grossières allusions. Personne au moins ne les releva. Des poésies, la conversation passa aux poètes en général, et le commandant fit l'observation qu'ils étaient tous des débauchés et des ivrognes finis; il me conseilla amicalement de renoncer à la poésie, comme chose contraire au service et ne menant à rien de bon.

La présence de Chvabrine m'était insupportable. Je me hâtai de dire adieu au commandant et à sa famille. En rentrant à la maison, j'examinai mon épée, j'en essayai la pointe, et me couchai après avoir donné l'ordre à Savéliitch de m'éveiller le lendemain à six heures.

Le lendemain, à l'heure indiquée, je me trouvais derrière les meules de foin, attendant mon adversaire. Il ne tarda pas à paraître. «On peut nous surprendre, me dit-il; il faut se hâter.» Nous mîmes bas nos uniformes, et, restés en gilet, nous tirâmes nos épées du fourreau. En ce moment, Ivan Ignatiitch, suivi de cinq invalides, sortit de derrière un tas de foin. Il nous intima l'ordre de nous rendre chez le commandant. Nous obéîmes de mauvaise humeur. Les soldats nous entourèrent, et nous suivîmes Ivan Ignatiitch, qui nous conduisait en triomphe, marchant au pas militaire avec une majestueuse gravité.

Nous entrâmes dans la maison du commandant. Ivan Ignatiitch ouvrit les portes à deux battants, et s'écria avec emphase: «Ils sont pris!»

Vassilissa Iégorovna accourut à notre rencontre:

«Qu'est-ce que cela veut dire? comploter un assassinat dans notre forteresse! Ivan Kouzmitch, mets-les sur-le-champ aux arrêts... Piôtr Andréitch, Alexéi Ivanitch, donnez vos épées, donnez, donnez... Palachka, emporte les épées dans le grenier... Piôtr Andréitch, je n'attendais pas cela de toi; comment n'as-tu pas honte? Alexéi Ivanitch, c'est autre chose; il a été transféré de la garde pour avoir fait périr une âme. Il ne croit pas en Notre-Seigneur. Mais toi, tu veux en faire autant?»

Ivan Kouzmitch approuvait tout ce que disait sa femme, ne cessant de répéter: «Vois-tu bien! Vassilissa Iégorovna dit la vérité; les duels sont formellement défendus par le code militaire.»

Cependant Palachka nous avait pris nos épées et les avait emportées au grenier. Je ne pus m'empêcher de rire; Chvabrine conserva toute sa gravité.

«Malgré tout le respect que j'ai pour vous, dit-il avec sang-froid à la femme du commandant, je ne puis me dispenser de vous faire observer que vous vous donnez une peine inutile en nous soumettant à votre tribunal. Abandonnez ce soin à Ivan Kouzmitch: c'est son affaire.

--Comment, comment, mon petit père! répliqua la femme du commandant. Est-ce que le mari et la femme ne sont pas la même chair et le même esprit? Ivan Kouzmitch, qu'est-ce que tu baguenaudes? Fourre-les à l'instant dans différents coins, au pain et à l'eau, pour que cette bête d'idée leur sorte de la tête. Et que le père Garasim les mette à la pénitence, pour qu'ils demandent pardon à Dieu et aux hommes.»

Ivan Kouzmitch ne savait que faire. Marie Ivanovna était extrêmement pâle. Peu à peu la tempête se calma. La femme du capitaine devint plus accommodante. Elle nous ordonna de nous embrasser l'un l'autre. Palachka nous rapporta nos épées. Nous sortîmes, ayant fait la paix en apparence. Ivan Ignatiitch nous reconduisit.

«Comment n'avez-vous pas eu honte, lui dis-je avec colère, de nous dénoncer au commandant après m'avoir donné votre parole de n'en rien faire?

--Comme Dieu est saint, répondit-il, je n'ai rien dit à Ivan Kouzmitch; c'est Vassilissa Iégorovna qui m'a tout soutiré. C'est elle qui a pris toutes les mesures nécessaires à l'insu du commandant. Du reste, Dieu merci, que ce soit fini comme cela!»

Après cette réponse, il retourna chez lui, et je restai seul avec Chvabrine. «Notre affaire ne peut pas se terminer ainsi, lui dis-je.

--Certainement, répondit Chvabrine; vous me payerez avec du sang votre impertinence. Mais on va sans doute nous observer; il faut feindre pendant quelques jours. Au revoir.»

Et nous nous séparâmes comme s'il ne se fût rien passé.

De retour chez le commandant, je m'assis, selon mon habitude, près de Marie Ivanovna; son père n'était pas à la maison; sa mère s'occupait du ménage. Nous parlions à demi-voix. Marie Ivanovna me reprochait l'inquiétude que lui avait causée ma querelle avec Chvabrine.

«Le coeur me manqua, me dit-elle, quand on vint nous dire que vous alliez vous battre à l'épée. Comme les hommes sont étranges! pour une parole qu'ils oublieraient la semaine ensuite, ils sont prêts à s'entr'égorger et à sacrifier, non seulement leur vie, mais encore l'honneur et le bonheur de ceux qui... Mais je suis sûre que ce n'est pas vous qui avez commencé la querelle: c'est Alexéi Ivanitch qui a été l'agresseur.

--Qui vous le fait croire, Marie Ivanovna?

--Mais parce que..., parce qu'il est si moqueur! Je n'aime pas Alexéi Ivanitch, il m'est même désagréable, et cependant je n'aurais pas voulu ne pas lui plaire, cela m'aurait fort inquiétée.

--Et que croyez-vous, Marie Ivanovna? lui plaisez-vous, ou non?»

Marie Ivanovna se troubla et rougit:

«Il me semble, dit-elle enfin, il me semble que je lui plais.

--Pourquoi cela?

--Parce qu'il m'a fait des propositions de mariage.

--Il vous a fait des propositions de mariage? Quand cela?

--L'an passé, deux mois avant votre arrivée.

--Et vous n'avez pas consenti?

--Comme vous voyez. Alexéi Ivanitch est certainement un homme d'esprit et de bonne famille; il a de la fortune; mais, à la seule idée qu'il faudrait, sous la couronne, l'embrasser devant tous les assistants... Non, non, pour rien au monde.»

Les paroles de Marie Ivanovna m'ouvrirent les yeux et m'expliquèrent beaucoup de choses. Je compris la persistance que mettait Chvabrine à la poursuivre. Il avait probablement remarqué notre inclination mutuelle, et s'efforçait de nous détourner l'un de l'autre. Les paroles qui avaient provoqué notre querelle me semblèrent d'autant plus infâmes, quand, au lieu d'une grossière et indécente plaisanterie, j'y vis une calomnie calculée. L'envie de punir le menteur effronté devint encore plus forte en moi, et j'attendais avec impatience le moment favorable.

Je n'attendis pas longtemps. Le lendemain, comme j'étais occupé à composer une élégie, et que je mordais ma plume dans l'attente d'une rime, Chvabrine frappa sous ma fenêtre. Je posai la plume, je pris mon épée, et sortis de la maison.

«Pourquoi remettre plus longtemps? me dit Chvabrine; on ne nous observe plus. Allons au bord de la rivière; là personne ne nous empêchera.»

Nous partîmes en silence, et, après avoir descendu un sentier escarpé, nous nous arrêtâmes sur le bord de l'eau, et nos épées se croisèrent.

Chvabrine était plus adroit que moi dans les armes; mais j'étais plus fort et plus hardi; et M. Beaupré, qui avait été entre autres choses soldat, m'avait donné quelques leçons d'escrime, dont je profitai. Chvabrine ne s'attendait nullement à trouver en moi un adversaire aussi dangereux.

Pendant longtemps nous ne pûmes nous faire aucun mal l'un à l'autre; mais enfin, remarquant que Chvabrine faiblissait, je l'attaquai vivement, et le fis presque entrer à reculons dans la rivière. Tout à coup j'entendis mon nom prononcé à haute voix; je tournai rapidement la tête, et j'aperçus Savéliitch qui courait à moi le long du sentier... Dans ce moment je sentis une forte piqûre dans la poitrine, sous l'épaule droite, et je tombai sans connaissance.

## LA CONVALESCENCE

Quand je revins à moi, je restai quelque temps sans comprendre ni ce qui m'était arrivé, ni où je me trouvais. J'étais couché sur un lit dans une chambre inconnue, et sentais une grande faiblesse. Savéliitch se tenait devant moi, une lumière à la main. Quelqu'un déroulait avec précaution les bandages qui entouraient mon épaule et ma poitrine. Peu à peu mes idées s'éclaircirent. Je me rappelai mon duel, et devinai sans peine que j'étais blessé. En cet instant, la porte gémit faiblement sur ses gonds:

«Eh bien, comment va-t-il? murmura une voix qui me fit tressaillir.

--Toujours dans le même état, répondit Savéliitch avec un soupir; toujours sans connaissance. Voilà déjà plus de quatre jours.»

Je voulus me retourner, mais je n'en eus pas la force.

«Où suis-je? Qui est ici?» dis-je avec effort.

Marie Ivanovna s'approcha de mon lit, et se pencha doucement sur moi.

«Comment vous sentez-vous? me dit-elle.

«COMMENT VOUS SENTEZ-VOUS?» ME DIT MARIE IVANOVNA.

--Bien, grâce à Dieu, répondis-je d'une voix faible. C'est vous, Marie Ivanovna; dites-moi...»

Je ne pus achever. Savéliitch poussa un cri, la joie se peignit sur son visage.

«Il revient à lui, il revient à lui, répétait-il; grâces te soient rendues, Seigneur! Mon père Piôtr Andréitch, m'as-tu fait assez peur? quatre jours! c'est facile à dire...»

Marie Ivanovna l'interrompit.

«Ne lui parle pas trop, Savéliitch, dit-elle: il est encore bien faible.»

Elle sortit et ferma la porte avec précaution. Je me sentais agité de pensées confuses. J'étais donc dans la maison du commandant, puisque Marie Ivanovna pouvait entrer dans ma chambre! Je voulus interroger Savéliitch; mais le vieillard hocha la tête et se boucha les oreilles. Je fermai les yeux avec mécontentement, et m'endormis bientôt.

En m'éveillant, j'appelai Savéliitch; mais, au lieu de lui, je vis devant moi Marie Ivanovna. Elle me salua de sa douce voix. Je ne puis exprimer la sensation délicieuse qui me pénétra dans ce moment. Je saisis sa main et la serrai avec transport, en l'arrosant de mes larmes. Marie ne la retirait pas..., et tout à coup je sentis sur ma joue l'impression humide et brûlante de ses lèvres. Un feu rapide parcourut tout mon être.

«Chère bonne Marie Ivanovna, lui dis-je, soyez ma femme, consentez à mon bonheur.»

Elle reprit sa raison:

«Au nom du ciel, calmez-vous, me dit-elle en ôtant sa main, vous êtes encore en danger; votre blessure peut se rouvrir; ayez soin de vous,... ne fût-ce que pour moi.»

Après ces mots, elle sortit en me laissant au comble du bonheur. Je me sentais revenir à la vie.

Dès cet instant je me sentis mieux d'heure en heure. C'était le barbier du régiment qui me pansait, car il n'y avait pas d'autre médecin dans la forteresse; et grâce à Dieu, il ne faisait pas le docteur. Ma jeunesse et la nature hâtèrent ma guérison. Toute la famille du commandant m'entourait de soins. Marie Ivanovna ne me quittait presque jamais. Il va sans dire que je saisis la première occasion favorable pour continuer ma déclaration interrompue, et, cette fois, Marie m'écouta avec plus de patience. Elle me fit naïvement l'aveu de son affection, et ajouta que ses parents seraient sans doute heureux de son bonheur. «Mais pensez-y bien, me disait-elle; n'y aura-t-il pas d'obstacles de la part des vôtres?»

Ce mot me fit réfléchir. Je ne doutais pas de la tendresse de ma mère; mais, connaissant le caractère et la façon de penser de mon père, je pressentais que mon amitié ne le toucherait pas extrêmement, et qu'il la traiterait de folie de jeunesse. Je l'avouai franchement à Marie Ivanovna; mais néanmoins je résolus d'écrire à mon père aussi éloquemment que possible pour lui demander sa bénédiction. Je montrai ma lettre à Marie Ivanovna, qui la trouva si convaincante et si touchante qu'elle ne douta plus du succès, et s'abandonna aux sentiments de son coeur avec toute la confiance de la jeunesse.

Je fis la paix avec Chvabrine dans les premiers jours de ma convalescence. Ivan Kouzmitch me dit en me reprochant mon duel: «Vois-tu bien, Piôtr Andréitch, je devrais à la rigueur te mettre aux arrêts; mais te voilà déjà puni sans cela. Pour Alexéi Ivanitch, il est enfermé par mon ordre, et sous bonne garde, dans le magasin à blé, et son épée est sous clef chez Vassilissa Iégorovna. Il aura le temps de réfléchir à son aise et de se repentir.»

J'étais trop content pour garder dans mon coeur le moindre sentiment de rancune. Je me mis à prier pour Chvabrine, et le bon commandant, avec la permission de sa femme, consentit à lui rendre la liberté. Chvabrine vint me voir. Il témoigna un profond regret de tout ce qui était arrivé, avoua que toute la faute était à lui, et me pria d'oublier le passé. Étant de ma nature peu rancunier, je lui pardonnai de bon coeur et notre querelle et ma blessure. Je voyais dans sa calomnie l'irritation de la vanité blessée; je pardonnai donc généreusement à mon rival malheureux.

Je fus bientôt guéri complètement, et pus retourner à mon logis. J'attendais avec impatience la réponse à ma lettre, n'osant pas espérer, mais tâchant d'étouffer en moi de tristes pressentiments. Je ne m'étais pas encore expliqué avec Vassilissa Iégorovna et son mari. Mais ma recherche ne pouvait pas les étonner: ni moi ni Marie ne cachions nos sentiments devant eux, et nous étions assurés d'avance de leur consentement.

Enfin, un beau jour, Savéliitch entra chez moi, une lettre à la main. Je la pris en tremblant. L'adresse était écrite de la main de mon père. Cette vue me prépara à quelque chose de grave, car, d'habitude, c'était ma mère qui m'écrivait, et lui ne faisait qu'ajouter quelques lignes à la fin. Longtemps je ne pus me décider à rompre le cachet; je relisais la suscription solennelle: «À mon fils Piôtr Andréitch Grineff, gouvernement d'Orenbourg, forteresse de Bélogorsk». Je tâchais de découvrir, à l'écriture de mon père, dans quelle disposition d'esprit il avait écrit la lettre. Enfin je me décidai à décacheter, et dès les premières lignes je vis que toute l'affaire était au diable. Voici le contenu de cette lettre:

«Mon fils Piôtr, nous avons reçu le 15 de ce mois la lettre dans laquelle tu nous demandes notre bénédiction paternelle et notre consentement à ton mariage avec Marie Ivanovna, fille Mironoff [37]. Et non seulement je n'ai pas l'intention de te donner ni ma bénédiction ni mon consentement, mais encore j'ai l'intention d'arriver jusqu'à toi et de te bien punir pour tes sottises comme un petit garçon, malgré ton rang d'officier, parce que tu as prouvé que tu n'es pas digne de porter l'épée qui t'a été remise pour la défense de la patrie, et non pour te battre en duel avec des fous de ton espèce. Je vais écrire à l'instant même à André Carlovitch pour le prier de te transférer de la forteresse de Bélogorsk dans quelque endroit encore plus éloigné afin de faire passer ta folie. En apprenant ton duel et ta blessure, ta mère est tombée malade de douleur, et maintenant encore elle est alitée. Qu'adviendra-t-il de toi? Je prie Dieu qu'il te corrige, quoique je n'ose pas avoir confiance en sa bonté.

«Ton père,

«A. G.»

La lecture de cette lettre éveilla en moi des sentiments divers. Les dures expressions que mon père ne m'avait pas ménagées me blessaient profondément; le dédain avec lequel il traitait Marie Ivanovna me semblait aussi injuste que malséant; enfin l'idée d'être renvoyé hors de la forteresse de Bélogorsk m'épouvantait. Mais j'étais surtout chagriné de la maladie de ma mère. J'étais indigné contre Savéliitch, ne doutant pas que ce ne fût lui qui avait fait connaître mon duel à mes parents. Après avoir marché quelque temps en long et en large dans ma petite chambre, je m'arrêtai brusquement devant lui, et lui dis avec colère: «Il paraît qu'il ne t'a pas suffi que, grâce à toi, j'aie été blessé et tout au moins au bord de la tombe; tu veux aussi tuer ma mère».

Savéliitch resta immobile comme si la foudre l'avait frappé.

«Aie pitié de moi, seigneur, s'écria-t-il presque en sanglotant; qu'est-ce que tu daignes me dire? C'est moi qui suis la cause que tu as été blessé? Mais Dieu voit que je courais mettre ma poitrine devant toi pour recevoir l'épée d'Alexéi Ivanitch. La vieillesse maudite m'en a seule empêché. Qu'ai-je donc fait à ta mère?

--Ce que tu as fait? répondis-je. Qui est-ce qui t'a chargé d'écrire une dénonciation contre moi? Est-ce qu'on t'a mis à mon service pour être mon espion?

--Moi, écrire une dénonciation! répondit Savéliitch tout en larmes. Ô Seigneur, roi des cieux! Tiens, daigne lire ce que m'écrit le maître, et tu verras si je te dénonçais.»

En même temps il tira de sa poche une lettre qu'il me présenta, et je lus ce qui suit:

«Honte à toi, vieux chien, de ce que tu ne m'as rien écrit de mon fils Piôtr Andréitch, malgré mes ordres sévères, et de ce que ce soient des étrangers qui me font savoir ses folies! Est-ce ainsi que tu remplis ton devoir et la volonté de tes seigneurs? Je t'enverrai garder les cochons, vieux chien, pour avoir caché la vérité et pour ta condescendance envers le jeune homme. À la réception de cette lettre, je t'ordonne de m'informer immédiatement de l'état de sa santé, qui, à ce qu'on me mande, s'améliore, et de me désigner précisément l'endroit où il a été frappé, et s'il a été bien guéri.»

Evidemment Savéliitch n'avait pas eu le moindre tort, et c'était moi qui l'avais offensé par mes soupçons et mes reproches. Je lui demandai pardon, mais le vieillard était inconsolable. «Voilà jusqu'où j'ai vécu! répétait-il; voilà quelles grâces j'ai méritées de mes seigneurs pour tous mes longs services! Je suis un vieux chien, je suis un gardeur de cochons, et par-dessus cela, je suis la cause de ta blessure! Non, mon père Piôtr Andréitch, ce n'est pas moi qui suis fautif, c'est le maudit *moussié*; c'est lui qui t'a appris à pousser ces broches de fer, en frappant du pied, comme si à force de pousser et de frapper on pouvait se garer d'un mauvais homme! C'était bien nécessaire de dépenser de l'argent à louer le *moussié*!»

Mais qui donc s'était donné la peine de dénoncer ma conduite à mon père? Le général? il ne semblait pas s'occuper beaucoup de moi; et puis, Ivan Kouzmitch n'avait pas cru nécessaire de lui faire un rapport sur mon duel. Je me perdais en suppositions. Mes soupçons s'arrêtaient sur Chvabrine; lui seul trouvait un avantage dans cette dénonciation, dont la suite pouvait être mon éloignement de la forteresse et ma séparation d'avec la famille du commandant. J'allai tout raconter à Marie Ivanovna: elle venait à ma rencontre sur le perron.

«Que vous est-il arrivé? me dit-elle; comme vous êtes pâle!

--Tout est fini», lui répondis-je, en lui remettant la lettre de mon père.

Ce fut à son tour de pâlir. Après avoir lu, elle me rendit la lettre, et me dit d'une voix émue: «Ce n'a pas été mon destin. Vos parents ne veulent pas de moi dans leur famille; que la volonté de Dieu soit faite! Dieu sait mieux que nous ce qui nous convient. Il n'y a rien à faire, Piôtr Andréitch; soyez heureux, vous au moins.

--Cela ne sera pas, m'écriai-je, en la saisissant par la main. Tu m'aimes, je suis prêt à tout. Allons nous jeter aux pieds de tes parents. Ce sont des gens simples; ils ne sont ni fiers ni cruels; ils nous donneront, eux, leur bénédiction, nous nous marierons; et puis, avec le temps, j'en suis sûr, nous parviendrons à fléchir mon père. Ma mère intercédera pour nous, il me pardonnera.

--Non, Piôtr Andréitch, répondit Marie: je ne t'épouserai pas sans la bénédiction de tes parents. Sans leur bénédiction tu ne seras pas heureux. Soumettons-nous à la volonté de Dieu. Si tu rencontres une autre fiancée, si tu l'aimes, que Dieu soit avec toi [38]. Piôtr Andréitch, moi, je prierai pour vous deux.»

Elle se mit à pleurer et se retira. J'avais l'intention de la suivre dans sa chambre; mais je me sentais hors d'état de me posséder et je rentrai à la maison. J'étais assis, plongé dans une mélancolie profonde, lorsque Savéliitch vint tout à coup interrompre mes réflexions.

«Voilà, seigneur, dit-il en me présentant une feuille de papier toute couverte d'écriture; regarde si je suis un espion de mon maître et si je tâche de brouiller le père avec le fils.»

Je pris de sa main ce papier; c'était la réponse de Savéliitch à la lettre qu'il avait reçue. La voici mot pour mot:

«Seigneur André Pétrovitch, notre gracieux père, j'ai reçu votre gracieuse lettre, dans laquelle tu daignes te fâcher contre moi, votre esclave, en me faisant honte de ce que je ne remplis pas les ordres de mes maîtres. Et moi, qui ne suis pas un vieux chien, mais votre serviteur fidèle, j'obéis aux ordres de mes maîtres; et je vous ai toujours servi avec zèle jusqu'à mes cheveux blancs. Je ne vous ai rien écrit de la blessure de Piôtr Andréitch, pour ne pas vous effrayer sans raison; et voilà que nous entendons que notre maîtresse, notre mère, Avdotia Vassilievna, est malade de peur; et je m'en vais prier Dieu pour sa santé. Et Piôtr Andréitch a été blessé dans la poitrine, sous l'épaule droite, sous une côte, à la profondeur d'un *verchok* et demi [39], et il a été couché dans la maison du commandant, où nous l'avons apporté du rivage: et c'est le barbier d'ici, Stépan Paramonoff, qui l'a traité; et maintenant Piôtr Andréitch, grâce à Dieu, se porte bien; et il n'y a rien que du bien à dire de lui: ses chefs, à ce qu'on dit, sont contents de lui, et Vassilissa Iégorovna le traite comme son propre fils; et qu'une pareille *occasion* lui soit arrivée, il ne faut pas lui en faire de reproches; le cheval a quatre jambes et il bronche. Et vous daignez écrire que vous m'enverrez garder les cochons; que ce soit votre volonté de seigneur. Et maintenant je vous salue jusqu'à terre.

«Votre fidèle esclave,

«ARKHIP SAVÉLIEFF.»

Je ne pus m'empêcher de sourire plusieurs fois pendant la lecture de la lettre du bon vieillard. Je ne me sentais pas en état d'écrire à mon père, et, pour calmer ma mère, la lettre de Savéliitch me semblait suffisante.

De ce jour ma situation changea; Marie Ivanovna ne me parlait presque plus et tâchait même de m'éviter. La maison du commandant me devint insupportable; je m'habituai peu à peu à rester seul chez moi. Dans le commencement, Vassilissa Iégorovna me fit des reproches; mais, en voyant ma persistance, elle me laissa en repos. Je ne voyais Ivan Kouzmitch que lorsque le service l'exigeait. Je n'avais que de très rares entrevues avec Chvabrine, qui m'était devenu d'autant plus antipathique que je croyais découvrir en lui une inimitié secrète, ce qui me confirmait davantage dans mes soupçons. La vie me devint à charge. Je m'abandonnai à une noire mélancolie, qu'alimentaient encore la solitude et l'inaction. Je perdis toute espèce de goût pour la lecture et les lettres. Je me laissais complètement abattre et je craignais de devenir fou, lorsque des événements soudains, qui eurent une grande influence sur ma vie, vinrent donner à mon âme un ébranlement profond et salutaire.

# POUGATCHEFF

Avant d'entamer le récit des événements étranges dont je fus le témoin, je dois dire quelques mots sur la situation où se trouvait le gouvernement d'Orenbourg vers la fin de l'année 1773. Cette riche et vaste province était habitée par une foule de peuplades à demi sauvages, qui venaient récemment de reconnaître la souveraineté des tsars russes. Leurs révoltes continuelles, leur impatience de toute loi et de la vie civilisée, leur inconstance et leur cruauté demandaient, de la part du gouvernement, une surveillance constante pour les réduire à l'obéissance. On avait élevé des forteresses dans les lieux favorables, et dans la plupart on avait établi à demeure fixe des Cosaques, anciens possesseurs des rives du Iaïk. Mais ces Cosaques eux-mêmes, qui auraient dû garantir le calme et la sécurité de ces contrées, étaient devenus depuis quelque temps des sujets inquiets et dangereux pour le gouvernement impérial. En 1772, une émeute survint dans leur principale bourgade. Cette émeute fut causée par les mesures sévères qu'avait prises le général Traubenberg pour ramener l'armée à l'obéissance. Elles n'eurent d'autre résultat que le meurtre barbare de Traubenberg, l'élévation de nouveaux chefs, et finalement la répression de l'émeute à force de mitraille et de cruels châtiments.

Cela s'était passé peu de temps avant mon arrivée dans la forteresse de Bélogorsk. Alors tout était ou paraissait tranquille. Mais l'autorité avait trop facilement prêté foi au feint repentir des révoltés, qui couvaient leur haine en silence, et n'attendaient qu'une occasion propice pour recommencer la lutte.

Je reviens à mon récit.

Un soir (c'était au commencement d'octobre 1773), j'étais seul à la maison, à écouter le sifflement du vent d'automne et à regarder les nuages qui glissaient rapidement devant la lune. On vint m'appeler de la part du commandant, chez lequel je me rendis à l'instant même. J'y trouvai Chvabrine, Ivan Ignatiitch et l'*ouriadnik* des Cosaques. Il n'y avait dans la chambre ni la femme ni la fille du commandant. Celui-ci me dit bonjour d'un air préoccupé. Il ferma la porte, fit asseoir tout le monde, hors l'*ouriadnik*, qui se tenait debout, tira un papier de sa poche et nous dit:

«Messieurs les officiers, une nouvelle importante! écoutez ce qu'écrit le général.»

Il mit ses lunettes et lut ce qui suit:

> «*À monsieur le commandant de la forteresse de Bélogorsk, capitaine Mironoff* (secret).

«Je vous informe par la présente que le fuyard et schismatique Cosaque du Don Iéméliane Pougatcheff, après s'être rendu coupable de l'impardonnable insolence d'usurper le nom du défunt empereur Pierre III, a réuni une troupe de brigands, suscité des troubles dans les villages du Iaïk, et pris et même détruit plusieurs forteresses, en commettant partout des brigandages et des assassinats. En conséquence, dès la réception de la présente, vous aurez, monsieur le capitaine, à aviser aux mesures qu'il faut prendre pour repousser le susdit scélérat et usurpateur, et, s'il est possible, pour l'exterminer entièrement dans le cas où il tournerait ses armes contre la forteresse confiée à vos soins.»

---

«Prendre les mesures nécessaires, dit le commandant en ôtant ses lunettes et en pliant le papier; vois-tu bien! c'est facile à dire. Le scélérat semble fort, et nous n'avons que cent trente hommes, même en ajoutant les Cosaques, sur lesquels il n'y a pas trop à compter, soit dit sans te faire un reproche, Maximitch.» L'*ouriadnik* sourit. «Cependant prenons notre parti, messieurs les officiers; soyez ponctuels; placez des sentinelles, établissez des rondes de nuit; dans le cas d'une attaque, fermez les portes et faites sortir les soldats. Toi, Maximitch, veille bien sur tes Cosaques. Il faut aussi examiner le canon et le bien nettoyer, et surtout garder le secret; que personne dans la forteresse ne sache rien avant le temps.»

Après avoir ainsi distribué ses ordres, Ivan Kouzmitch nous congédia. Je sortis avec Chvabrine, tout en devisant sur ce que nous venions d'entendre.

«Qu'en crois-tu? comment finira tout cela? lui demandai-je.

--Dieu le sait, répondit-il, nous verrons; jusqu'à présent je ne vois rien de grave. Si cependant...» Alors il se mit à rêver en sifflant avec distraction un air français.

Malgré toutes nos précautions, la nouvelle de l'apparition de Pougatcheff se répandit dans la forteresse. Quel que fût le respect d'Ivan Kouzmitch pour son épouse, il ne lui aurait révélé pour rien au monde un secret confié comme affaire de service. Après avoir reçu la lettre du général, il s'était assez adroitement débarrassé de Vassilissa Iégorovna, en lui disant que le père Garasim avait reçu d'Orenbourg des nouvelles extraordinaires qu'il gardait dans le mystère le plus profond. Vassilissa Iégorovna prit à l'instant même le désir d'aller rendre visite à la femme du pope, et, d'après le conseil d'Ivan Kouzmitch, elle emmena Macha, de peur qu'elle ne la laissât s'ennuyer toute seule.

Resté maître du terrain, Ivan Kouzmitch nous envoya chercher sur-le-champ, et prit soin d'enfermer Palachka dans la cuisine, pour qu'elle ne pût nous épier.

Vassilissa Iégorovna revint à la maison sans avoir rien pu tirer de la femme du pope; elle apprit en rentrant que, pendant son absence, un conseil de guerre s'était assemblé chez Ivan Kouzmitch, et que Palachka avait été enfermée sous clef. Elle se douta que son mari l'avait trompée, et se mit à l'accabler de questions. Mais Ivan Kouzmitch était préparé à cette attaque; il ne se troubla pas le moins du monde, et répondit bravement à sa curieuse moitié:

«Vois-tu bien, ma petite mère, les femmes du pays se sont mis en tête d'allumer du feu avec de la paille; et comme cela peut être cause d'un malheur, j'ai rassemblé mes officiers et je leur ai donné l'ordre de veiller à ce que les femmes ne fassent pas de feu avec de la paille, mais bien avec des fagots et des broussailles.

--Et qu'avais-tu besoin d'enfermer Palachka? lui demanda sa femme; pourquoi la pauvre fille est-elle restée dans la cuisine jusqu'à notre retour?»

Ivan Kouzmitch ne s'était pas préparé à une semblable question; il balbutia quelques mots incohérents. Vassilissa Iégorovna s'aperçut aussitôt de la perfidie de son mari; mais, sûre qu'elle n'obtiendrait rien de lui pour le moment, elle cessa ses questions et parla des concombres salés qu'Akoulina Pamphilovna savait préparer d'une façon supérieure. De toute la nuit, Vassilissa Iégorovna ne put fermer l'oeil, n'imaginant pas ce que son mari avait en tête qu'elle ne pût savoir.

Le lendemain, au retour de la messe, elle aperçut Ivan Ignatiitch occupé à ôter du canon des guenilles, de petites pierres, des morceaux de bois, des osselets et toutes sortes d'ordures que les petits garçons y avaient fourrées. «Que peuvent signifier ces préparatifs guerriers? pensa la femme du commandant. Est-ce qu'on craindrait une attaque de la part des Kirghises? mais serait-il possible qu'Ivan Kouzmitch me cachât une pareille misère?» Elle appela Ivan Ignatiitch avec la ferme résolution de savoir de lui le secret qui tourmentait sa curiosité de femme.

Vassilissa Iégorovna débuta par lui faire quelques remarques sur des objets de ménage, comme un juge qui commence un interrogatoire par des questions étrangères à l'affaire pour rassurer et endormir la prudence de l'accusé. Puis, après un silence de quelques instants, elle poussa un profond soupir, et dit en hochant la tête:

«Oh! mon Dieu, Seigneur! voyez quelle nouvelle! Qu'adviendra-t-il de tout cela?

--Eh! ma petite mère, répondit Ivan Ignatiitch, le Seigneur est miséricordieux; nous avons assez de soldats, beaucoup de poudre; j'ai nettoyé le canon. Peut-être bien repousserons-nous ce Pougatcheff. Si Dieu ne nous abandonne, le loup ne mangera personne ici.

--Et quel homme est-ce que ce Pougatcheff?» demanda la femme du commandant.

Ivan Ignatiitch vit bien qu'il avait trop parlé, et se mordit la langue. Mais il était trop tard, Vassilissa Iégorovna le contraignit à lui tout raconter, après avoir engagé sa parole qu'elle ne dirait rien à personne.

Elle tint sa promesse, et, en effet, ne dit rien à personne, si ce n'est à la femme du pope, et cela par l'unique raison que la vache de cette bonne dame, étant encore dans la steppe, pouvait être enlevée par les brigands.

Bientôt tout le monde parla de Pougatcheff. Les bruits qui couraient sur son compte étaient fort divers. Le commandant envoya l'*ouriadnik* avec mission de bien s'enquérir de tout dans les villages voisins. L'*ouriadnik* revint après une absence de deux jours, et déclara qu'il avait vu dans la steppe, à soixante verstes de la forteresse, une grande quantité de feux, et qu'il avait ouï dire aux Bachkirs qu'une force innombrable s'avançait. Il ne pouvait rien dire de plus précis, ayant craint de s'aventurer davantage.

On commença bientôt à remarquer une grande agitation parmi les Cosaques de la garnison. Dans toutes les rues, ils s'assemblaient par petits groupes, parlaient entre eux à voix basse, et se dispersaient dès qu'ils apercevaient un dragon ou tout autre soldat russe. On les fit espionner: Ioulaï, Kalmouk baptisé, fit au commandant une révélation très grave. Selon lui, l'*ouriadnik* aurait fait de faux rapports; à son retour, le perfide Cosaque aurait dit à ses camarades qu'il s'était avancé jusque chez les révoltés, qu'il avait été présenté à leur chef, et que ce chef, lui ayant donné sa main à baiser, s'était longuement entretenu avec lui. Le commandant fit aussitôt mettre l'*ouriadnik* aux arrêts, et désigna Ioulaï pour le remplacer. Ce changement fut accueilli par les Cosaques avec un mécontentement visible. Ils murmuraient à haute voix, et Ivan Ignatiitch, l'exécuteur de l'ordre du commandant, les entendit, de ses propres oreilles, dire assez clairement:

«Attends, attends, rat de garnison!»

Le commandant avait eu l'intention d'interroger son prisonnier le même jour; mais l'*ouriadnik* s'était échappé, sans doute avec l'aide de ses complices.

Un nouvel événement vint accroître l'inquiétude du capitaine. On saisit un Bachkir porteur de lettres séditieuses. À cette occasion, le commandant prit le parti d'assembler derechef ses officiers, et pour cela il voulut encore éloigner sa femme sous un prétexte spécieux. Mais comme Ivan Kouzmitch était le plus adroit et le plus sincère des hommes, il ne trouva pas d'autre moyen que celui qu'il avait déjà employé une première fois.

«Vois-tu bien, Vassilissa Iégorovna, lui dit-il en toussant à plusieurs reprises, le père Garasim a, dit-on, reçu de la ville...

--Tais-toi, tais-toi, interrompit sa femme; tu veux encore rassembler un conseil de guerre et parler sans moi de Iéméliane Pougatcheff; mais tu ne me tromperas pas cette fois.»

Ivan Kouzmitch écarquilla les yeux: «Eh bien, ma petite mère, dit-il, si tu sais tout, reste, il n'y a rien à faire; nous parlerons devant toi.

--Bien, bien, mon petit père, répondit-elle, ce n'est pas à toi de faire le fin. Envoie chercher les officiers.»

Nous nous assemblâmes de nouveau. Ivan Kouzmitch nous lut, devant sa femme, la proclamation de Pougatcheff, rédigée par quelque Cosaque à demi lettré. Le brigand nous déclarait son intention de marcher immédiatement sur notre forteresse, invitant les Cosaques et les soldats à se réunir à lui, et conseillait aux chefs de ne pas résister, les menaçant en ce cas du dernier supplice. La proclamation était écrite en termes grossiers, mais énergiques, et devait produire une grande impression sur les esprits des gens simples.

«Quel coquin! s'écria la femme du commandant. Voyez ce qu'il ose nous proposer! de sortir à sa rencontre et de déposer à ses pieds nos drapeaux! Ah! le fils de chien! il ne sait donc pas que nous sommes depuis quarante ans au service, et que, Dieu merci, nous en avons vu de toutes sortes! Est-il possible qu'il se soit trouvé des commandants assez lâches pour obéir à ce bandit!

--Ça ne devrait pas être, répondit Ivan Kouzmitch; cependant on dit que le scélérat s'est déjà emparé de plusieurs forteresses.

--Il paraît qu'il est fort, en effet, observa Chvabrine.

--Nous allons savoir à l'instant sa force réelle, reprit le commandant; Vassilissa Iégorovna, donne-moi la clef du grenier. Ivan Ignatiitch, amène le Bachkir, et dis à Ioulaï d'apporter des verges.

--Attends un peu, Ivan Kouzmitch, dit la commandante en se levant de son siège; laisse-moi emmener Macha hors de la maison. Sans cela elle entendrait les cris, et ça lui ferait peur. Et moi, pour dire la vérité, je ne suis pas très curieuse de pareilles investigations. Au plaisir de vous revoir...»

La torture était alors tellement enracinée dans les habitudes de la justice, que l'ukase bienfaisant [40] qui en avait prescrit l'abolition resta longtemps sans effet. On croyait que l'aveu de l'accusé était indispensable à la condamnation, idée non seulement déraisonnable, mais contraire au plus simple bon sens en matière juridique; car, si le déni de l'accusé ne s'accepte pas comme preuve de son innocence, l'aveu qu'on lui arrache doit moins encore servir de preuve de sa culpabilité. À présent même, il m'arrive encore d'entendre de vieux juges regretter l'abolition de cette coutume barbare. Mais, de notre temps, personne ne doutait de la nécessité de la torture, ni les juges, ni les accusés eux-mêmes. C'est pourquoi l'ordre du commandant n'étonna et n'émut aucun de nous. Ivan Ignatiitch s'en alla chercher le Bachkir, qui était tenu sous clef dans le grenier de la commandante, et, peu d'instants après, on l'amena dans l'antichambre. Le commandant ordonna qu'on l'introduisît en sa présence.

Le Bachkir franchit le seuil avec peine, car il avait aux pieds des entraves en bois. Il ôta son haut bonnet et s'arrêta près de la porte. Je le regardai et tressaillis involontairement. Jamais je n'oublierai cet homme: il paraissait âgé de soixante et dix ans au moins, et n'avait ni nez ni oreilles. Sa tête était rasée; quelques rares poils gris lui tenaient lieu de barbe. Il était de petite taille, maigre, courbé; mais ses yeux à la tatare brillaient encore. «Eh! eh! dit le commandant, qui reconnut à ces terribles indices un des révoltés punis en 1741, tu es un vieux loup, à ce que je vois; tu as déjà été pris dans nos pièges. Ce n'est pas la première fois que tu te révoltes, puisque ta tête est si bien rabotée. Approche-toi, et dis qui t'a envoyé.»

Le vieux Bachkir se taisait et regardait le commandant avec un air de complète imbécillité.

«Eh bien, pourquoi te tais-tu? continua Ivan Kouzmitch; est-ce que tu ne comprends pas le russe? Ioulaï, demande-lui en votre langue qui l'a envoyé dans notre forteresse.»

Ioulaï répéta en langue tatare la question d'Ivan Kouzmitch. Mais le Bachkir le regarda avec la même expression, et sans répondre un mot.

«*Iachki* [41]! s'écria le commandant; je te ferai parler. Voyons, ôtez-lui sa robe de chambre rayée, sa robe de fou, et mouchetez-lui les épaules. Voyons, Ioulaï, houspille-le comme il faut.»

Deux invalides commencèrent à déshabiller le Bachkir. Une vive inquiétude se peignit alors sur la figure du malheureux. Il se mit à regarder de tous côtés comme un pauvre petit animal pris par des enfants. Mais lorsqu'un des invalides lui saisit les mains pour les tourner autour de son cou et souleva le vieillard sur ses épaules en se courbant, lorsque Ioulaï prit les verges et leva la main pour frapper, alors le Bachkir poussa un gémissement faible et puissant, et, relevant la tête, ouvrit la bouche, où, au lieu de langue, s'agitait un court tronçon.

Nous fûmes tous frappés d'horreur. «Eh bien, dit le commandant, je vois que nous ne pourrons rien tirer de lui. Ioulaï, ramène le Bachkir au grenier; et nous, messieurs, nous avons encore à causer.»

Nous continuions à débattre notre position, lorsque Vassilissa Iégorovna se précipita dans la chambre, toute haletante, et avec un air effaré.

«Que t'est-il arrivé? demanda le commandant surpris.

--Malheur! malheur! répondit Vassilissa Iégorovna: le fort de Nijnéosern a été pris ce matin; le garçon du père Garasim vient de revenir. Il a vu comment on l'a pris. Le commandant et tous les officiers sont pendus, tous les soldats faits prisonniers; les scélérats vont venir ici.»

Cette nouvelle inattendue fit sur moi une impression profonde; le commandant de la forteresse de Nijnéosern, jeune homme doux et modeste, m'était connu. Deux mois auparavant il avait passé, venant d'Orenbourg avec sa jeune femme, et s'était arrêté chez Ivan Kouzmitch. La Nijnéosernia n'était située qu'à vingt-cinq verstes de notre fort. D'heure en heure il fallait nous attendre à une attaque de Pougatcheff. Le sort de Marie Ivanovna se présenta vivement à mon imagination, et le coeur me manquait en y pensant.

«Écoutez, Ivan Kouzmitch, dis-je au commandant, notre devoir est de défendre la forteresse jusqu'au dernier soupir, cela s'entend. Mais il faut songer à la sûreté des femmes. Envoyez-les à Orenbourg, si la route est encore libre, ou bien dans une forteresse plus éloignée et plus sûre, où les scélérats n'aient pas encore eu le temps de pénétrer.»

Ivan Kouzmitch se tourna vers sa femme: «Vois-tu bien! ma mère; en effet, ne faudra-t-il pas vous envoyer quelque part plus loin, jusqu'à ce que nous ayons réduit les rebelles?

--Quelle folie! répondit la commandante. Où est la forteresse que les balles n'aient pas atteinte? En quoi la Bélogorskaïa n'est-elle pas sûre? Grâce à Dieu, voici plus de vingt et un ans que nous y vivons. Nous avons vu les Bachkirs et les Kirghises; peut-être y lasserons-nous Pougatcheff!

--Eh bien, ma petite mère, répliqua Ivan Kouzmitch, reste si tu peux, puisque tu comptes tant sur notre forteresse. Mais que faut-il faire de Macha? C'est bien si nous le lassons, ou s'il nous arrive un secours. Mais si les brigands prennent la forteresse?...

--Eh bien! alors...»

Mais ici Vassilissa Iégorovna ne put que bégayer et se tut, étouffée par l'émotion.

«Non, Vassilissa Iégorovna, reprit le commandant, qui remarqua que ses paroles avaient produit une grande impression sur sa femme, peut-être pour la première fois de sa vie; il ne convient pas que Macha reste ici. Envoyons-la à Orenbourg chez sa marraine. Là il y a assez de soldats et de canons, et les murailles sont en pierre. Et même à toi j'aurais conseillé de t'en aller aussi là-bas; car, bien que tu sois vieille, pense à ce qui t'arrivera si la forteresse est prise d'assaut.

--C'est bien, c'est bien, dit la commandante, nous renverrons Macha; mais ne t'avise pas de me prier de partir, je n'en ferais rien. Il ne me convient pas non plus, dans mes vieilles années, de me séparer de toi, et d'aller chercher un tombeau solitaire en pays étranger. Nous avons vécu ensemble, nous mourrons ensemble.

--Et tu as raison, dit le commandant. Voyons, il n'y a pas de temps à perdre. Va équiper Macha pour la route; demain nous la ferons partir à la pointe du jour, et nous lui donnerons même un convoi, quoique, à vrai dire, nous n'ayons pas ici de gens superflus. Mais où donc est-elle?

--Chez Akoulina Pamphilovna, répondit la commandante; elle s'est trouvée mal en apprenant la prise de Nijnéosern! je crains qu'elle ne tombe malade. Ô Dieu Seigneur! jusqu'où avons-nous vécu?»

Vassilissa Iégorovna alla faire les apprêts du départ de sa fille. L'entretien chez le commandant continua encore; mais je n'y pris plus aucune part. Marie Ivanovna reparut pour le souper, pâle et les yeux rougis. Nous soupâmes en silence, et nous nous levâmes de table plus tôt que d'ordinaire. Chacun de nous regagna son logis après avoir dit adieu à toute la famille. J'avais oublié mon épée et revins la prendre; je trouvais Marie sous la porte; elle me la présenta.

«Adieu, Piôtr Andréitch, me dit-elle en pleurant; on m'envoie à Orenbourg. Soyez bien portant et heureux. Peut-être que Dieu permettra que nous nous revoyions; sinon...»

Elle se mit à sangloter.

«Adieu, lui dis-je, adieu, ma chère Marie! Quoi qu'il m'arrive, sois sûre que ma dernière pensée et ma dernière prière seront pour toi.»

Macha continuait à pleurer. Je sortis précipitamment.

# L'ASSAUT

De toute la nuit, je ne pus dormir, et ne quittai même pas mes habits. J'avais eu l'intention de gagner de grand matin la porte de la forteresse par où Marie Ivanovna devait partir, pour lui dire un dernier adieu. Je sentais en moi un changement complet. L'agitation de mon âme me semblait moins pénible que la noire mélancolie où j'étais plongé précédemment. Au chagrin de la séparation se mêlaient en moi des espérances vagues mais douces, l'attente impatiente des dangers et le sentiment d'une noble ambition. La nuit passa vite. J'allais sortir, quand ma porte s'ouvrit, et le caporal entra pour m'annoncer que nos Cosaques avaient quitté pendant la nuit la forteresse, emmenant de force avec eux Ioulaï, et qu'autour de nos remparts chevauchaient des gens inconnus. L'idée que Marie Ivanovna n'avait pu s'éloigner me glaça de terreur. Je donnai à la hâte quelques instructions au caporal, et courus chez le commandant.

Il commençait à faire jour. Je descendais rapidement la rue, lorsque je m'entendis appeler par quelqu'un. Je m'arrêtai.

«Où allez-vous? oserais-je vous demander, me dit Ivan Ignatiitch en me rattrapant; Ivan Kouzmitch est sur le rempart, et m'envoie vous chercher. Le Pougatch [42] est arrivé.

--Marie Ivanovna est-elle partie? demandai-je avec un tremblement intérieur.

--Elle n'en a pas eu le temps, répondit Ivan Ignatiitch, la route d'Orenbourg est coupée, la forteresse entourée. Cela va mal, Piôtr Andréitch.»

Nous nous rendîmes sur le rempart, petite hauteur formée par la nature et fortifiée d'une palissade. La garnison s'y trouvait sous les armes. On y avait traîné le canon dès la veille. Le commandant marchait de long en large devant sa petite troupe; l'approche du danger avait rendu au vieux guerrier une vigueur extraordinaire. Dans la steppe, et peu loin de la forteresse, se voyaient une vingtaine de cavaliers qui semblaient être des Cosaques; mais parmi eus se trouvaient quelques Bachkirs, qu'il était facile de reconnaître à leurs bonnets et à leurs carquois. Le commandant parcourait les rangs de la petite armée, en disant aux soldats: «Voyons, enfants, montrons-nous bien aujourd'hui pour notre mère l'impératrice, et faisons voir à tout le monde que nous sommes des gens braves, fidèles à nos serments.»

Les soldats témoignèrent à grands cris de leur bonne volonté. Chvabrine se tenait près de moi, examinant l'ennemi avec attention. Les gens qu'on apercevait dans la steppe, voyant sans doute quelques mouvements dans le fort, se réunirent en groupe et parlèrent entre eux. Le commandant ordonna à Ivan Ignatiitch de pointer sur eux le canon, et approcha lui-même la mèche. Le boulet passa en sifflant sur leurs têtes sans leur faire aucun mal. Les cavaliers se dispersèrent aussitôt, en partant au galop, et la steppe devint déserte.

En ce moment parut sur le rempart Vassilissa Iégorovna, suivie de Marie qui n'avait pas voulu la quitter. «Eh bien, dit la commandante, comment va la bataille? où est l'ennemi?

--L'ennemi n'est pas loin, répondit Ivan Kouzmitch; mais, si Dieu le permet, tout ira bien. Et toi, Macha, as-tu peur?

--Non, papa, répondit Marie; j'ai plus peur seule à la maison.»

Elle me jeta un regard, en s'efforçant de sourire. Je serrai vivement la garde de mon épée, en me rappelant que je l'avais reçue la veille de ses mains, comme pour sa défense. Mon coeur brûlait dans ma poitrine; je me croyais son chevalier; j'avais soif de lui prouver que j'étais digne de sa confiance, et j'attendais impatiemment le moment décisif.

Tout à coup, débouchant d'une hauteur qui se trouvait à huit verstes de la forteresse, parurent de nouveau des groupes d'hommes à cheval, et bientôt toute la steppe se couvrit de gens armés de lances et de flèches. Parmi eux, vêtu d'un cafetan rouge et le sabre à la main, se distinguait un homme monté sur un cheval blanc. C'était Pougatcheff lui-même. Il s'arrêta, fut entouré, et bientôt, probablement d'après ses ordres, quatre hommes sortirent de la foule, et s'approchèrent au grand galop jusqu'au rempart. Nous reconnûmes en eux quelques-uns de nos traîtres. L'un d'eux élevait une feuille de papier au-dessus de son bonnet; un autre portait au bout de sa pique la tête de Ioulaï, qu'il nous lança par-dessus la palissade. La tête du pauvre Kalmouk roula aux pieds du commandant.

Les traîtres nous criaient:

«Ne tirez pas; sortez pour recevoir le tsar; le tsar est ici.

--Enfants, feu!» s'écria le capitaine pour toute réponse.

Les soldats firent une décharge. Le Cosaque qui tenait la lettre vacilla et tomba de cheval; les autres s'enfuirent à toute bride. Je jetai un coup d'oeil sur Marie Ivanovna. Glacée de terreur à la vue de la tête de Ioulaï, étourdie du bruit de la décharge, elle semblait inanimée. Le commandant appela le caporal, et lui ordonna d'aller prendre la feuille des mains du Cosaque abattu. Le caporal sortit dans la campagne, et revint amenant par la bride le cheval du mort. Il remit la lettre au commandant. Ivan Kouzmitch la lut à voix basse et la déchira en morceaux. Cependant on voyait les révoltés se préparer à une attaque. Bientôt les balles sifflèrent à nos oreilles, et quelques flèches vinrent s'enfoncer autour de nous dans la terre et dans les pieux de la palissade.

«Vassilissa Iégorovna, dit le commandant, les femmes n'ont rien à faire ici. Emmène Macha; tu vois bien que cette fille est plus morte que vive.»

Vassilissa Iégorovna, que les balles avaient assouplie, jeta un regard sur la steppe, où l'on voyait de grands mouvements parmi la foule, et dit à son mari: «Ivan Kouzmitch, Dieu donne la vie et la mort; bénis Macha; Macha, approche de ton père.»

Belle et tremblante, Marie s'approcha d'Ivan Kouzmitch, se mit à genoux et le salua jusqu'à terre. Le vieux commandant fit sur elle trois fois le signe de la croix, puis la releva, l'embrassa, et lui dit d'une voix altérée par l'émotion: «Eh bien, Macha, sois heureuse; prie Dieu, il ne t'abandonnera pas. S'il se trouve un honnête homme, que Dieu vous donne à tous deux amour et raison. Vivez ensemble comme nous avons vécu ma femme et moi. Eh bien, adieu, Macha. Vassilissa Iégorovna, emmène-la donc plus vite.»

Marie se jeta à son cou, et se mit à sangloter.

«Embrassons-nous aussi, dit en pleurant la commandante. Adieu, mon Ivan Kouzmitch; pardonne-moi si je t'ai jamais fâché.

--Adieu, adieu, ma petite mère, dit le commandant en embrassant sa vieille compagne; voyons, assez, allez-vous-en à la maison, et, si tu en as le temps, mets un *sarafan* [43] à Macha.»

La commandante s'éloigna avec sa fille. Je suivais Marie du regard; elle se retourna et me fit un dernier signe de tête.

Ivan Kouzmitch revint à nous, et toute son attention fut tournée sur l'ennemi. Les rebelles se réunirent autour de leur chef et tout à coup mirent pied à terre précipitamment. «Tenez-vous bien, nous dit le commandant, c'est l'assaut qui commence.» En ce moment même retentirent des cris de guerre sauvages. Les rebelles accouraient à toutes jambes sur la forteresse. Notre canon était chargé à mitraille. Le commandant les laissa venir à très petite distance, et mit de nouveau le feu à sa pièce. La mitraille frappa au milieu de la foule, qui se dispersa en tout sens. Leur chef seul resta en avant, agitant son sabre; il semblait les exhorter avec chaleur. Les cris aigus, qui avaient un instant cessé, redoublèrent de nouveau. «Maintenant, enfants! s'écria le capitaine, ouvrez la porte, battez le tambour, et en avant! Suivez-moi pour une sortie!»

Le commandant, Ivan Ignatiitch et moi, nous nous trouvâmes en un instant hors du parapet. Mais la garnison, intimidée, n'avait pas bougé de place. «Que faites-vous donc, mes enfants? s'écria Ivan Kouzmitch; s'il faut mourir, mourons; affaire de service!»

En ce moment les rebelles se ruèrent sur nous, et forcèrent l'entrée de la citadelle. Le tambour se tut, la garnison jeta ses armes. On m'avait renversé par terre; mais je me relevai et j'entrai pêle-mêle avec la foule dans la forteresse. Je vis le commandant blessé à la tête, et pressé par une petite troupe de bandits qui lui demandaient les clefs. J'allais courir à son secours, quand plusieurs forts Cosaques me saisirent et me lièrent avec leurs *kouchaks* [44] en criant: «Attendez, attendez ce qu'on va faire de vous, traîtres au tsar!»

**LES REBELLES SE RUÈRENT SUR NOUS.**

On nous traîna le long des rues. Les habitants sortaient de leurs maisons, offrant le pain et le sel. On sonna les cloches. Tout à coup des cris annoncèrent que le tsar était sur la place, attendant les prisonniers pour recevoir leurs serments. Toute la foule se jeta de ce côté, et nos gardiens nous y traînèrent.

Pougatcheff était assis dans un fauteuil, sur le perron de la maison du commandant. Il était vêtu d'un élégant cafetan cosaque, brodé sur les coutures. Un haut bonnet de martre zibeline, orné de glands d'or, descendait jusque sur ses yeux flamboyants. Sa figure ne me parut pas inconnue. Les chefs cosaques l'entouraient. Le père Garasim, pâle et tremblant, se tenait, la croix à la main, au pied du perron, et semblait le supplier en silence pour les victimes amenées devant lui. Sur la place même, on dressait à la hâte une potence. Quand nous approchâmes, des Bachkirs écartèrent la foule, et l'on nous présenta à Pougatcheff. Le bruit des cloches cessa, et le plus profond silence s'établit. «Qui est le commandant?» demanda l'usurpateur. Notre *ouriadnik* sortit des groupes et désigna Ivan Kouzmitch. Pougatcheff regarda le vieillard avec une expression terrible et lui dit: «Comment as-tu osé t'opposer à moi, à ton empereur?»

Le commandant, affaibli par sa blessure, rassembla ses dernières forces et répondit d'une voix ferme: «Tu n'es pas mon empereur: tu es un usurpateur et un brigand, vois-tu bien!»

Pougatcheff fronça le sourcil et leva son mouchoir blanc. Aussitôt plusieurs Cosaques saisirent le vieux capitaine et l'entraînèrent au gibet. À cheval sur la traverse, apparut le Bachkir défiguré qu'on avait questionné la veille; il tenait une corde à la main, et je vis un instant après le pauvre Ivan Kouzmitch suspendu en l'air. Alors on amena à Pougatcheff Ivan Ignatiitch.

«Prête serment, lui dit Pougatcheff, à l'empereur Piôtr Fédorovitch [45].

--Tu n'es pas notre empereur, répondit le lieutenant en répétant les paroles de son capitaine; tu es un brigand, mon oncle, et un usurpateur.»

Pougatcheff fit de nouveau le signal du mouchoir, et le bon Ivan Ignatiitch fut pendu auprès de son ancien chef. C'était mon tour. Je fixai hardiment le regard sur Pougatcheff, en m'apprêtant à répéter la réponse de mes généreux camarades. Alors, à ma surprise inexprimable, j'aperçus parmi les rebelles Chvabrine, qui avait eu le temps de se couper les cheveux en rond et d'endosser un cafetan de Cosaque. Il s'approcha de Pougatcheff et lui dit quelques mots à l'oreille. «Qu'on le pende!» dit Pougatcheff sans daigner me jeter un regard. On me passa la corde au cou. Je me mis à réciter à voix basse une prière, en offrant à Dieu un repentir sincère de toutes mes fautes et en le priant de sauver tous ceux qui étaient chers à mon coeur. On m'avait déjà conduit sous le gibet. «Ne crains rien, ne crains rien!» me disaient les assassins, peut-être pour me donner du courage. Tout à coup un cri se fit entendre: «Arrêtez, maudits».

Les bourreaux s'arrêtèrent. Je regarde... Savéliitch était étendu aux pieds de Pougatcheff. «Ô mon propre père, lui disait mon pauvre menin, qu'as-tu besoin de la mort de cet enfant de seigneur? Laisse-le libre, on t'en donnera une bonne rançon; mais pour l'exemple et pour faire peur aux autres, ordonne qu'on me pende, moi, vieillard.»

Pougatcheff fit un signe; on me délia aussitôt. «Notre père te pardonne», me disaient-ils. Dans ce moment, je ne puis dire que j'étais très heureux de ma délivrance, mais je ne puis dire non plus que je la regrettais. Mes sens étaient trop troublés. On m'amena de nouveau devant l'usurpateur et l'on me fit agenouiller à ses pieds. Pougatcheff me tendit sa main musculeuse: «Baise la main, baise la main!» criait-on autour de moi. Mais j'aurais préféré le plus atroce supplice à un si infâme avilissement.

«Mon père Piôtr Andréitch, me soufflait Savéliitch, qui se tenait derrière moi et me poussait du coude, ne fais pas l'obstiné; qu'est-ce que cela te coûte? Crache et baise la main du bri... Baise-lui la main.»

Je ne bougeai pas. Pougatcheff retira sa main et dit en souriant: «Sa Seigneurie est, à ce qu'il paraît, toute stupide de joie; relevez-le». On me releva, et je restai en liberté. Je regardai alors la continuation de l'infâme comédie.

Les habitants commencèrent à prêter le serment. Ils approchaient l'un après l'autre, baisaient la croix et saluaient l'usurpateur. Puis vint le tour des soldats de la garnison: le tailleur de la compagnie, armé de ses grands ciseaux émoussés, leur coupait les queues. Ils secouaient la tête et approchaient les lèvres de la main de Pougatcheff; celui-ci leur déclara qu'ils étaient pardonnés et reçus dans ses troupes. Tout cela dura près de trois heures. Enfin Pougatcheff se leva de son fauteuil et descendit le perron, suivi par les chefs. On lui amena un cheval blanc richement harnaché. Deux Cosaques le prirent par les bras et l'aidèrent à se mettre en selle. Il annonça au père Garasim qu'il dînerait chez lui. En ce moment retentit un cri de femme. Quelques brigands traînaient sur le perron Vassilissa Iégorovna, échevelée et demi-nue. L'un d'eux s'était déjà vêtu de son mantelet; les autres emportaient les matelas, les coffres, le linge, les services à thé et toutes sortes d'objets. «O mes pères, criait la pauvre vieille, laissez-moi, de grâce; mes pères, mes pères, menez-moi à Ivan Kouzmitch.»

Soudain elle aperçut le gibet et reconnut son mari. «Scélérats, s'écria-t-elle hors d'elle-même, qu'en avez-vous fait? Ô ma lumière, Ivan Kouzmitch, hardi coeur de soldat; ni les baïonnettes prussiennes ne t'ont touché, ni les balles turques; et tu as péri devant un vil condamné fuyard.

--Faites taire la vieille sorcière!» dit Pougatcheff.

Un jeune Cosaque la frappa de son sabre sur la tête, et elle tomba morte au bas des degrés du perron. Pougatcheff partit; tout le peuple se jeta sur ses pas.

## LA VISITE INATTENDUE

La place se trouva vide. Je me tenais au même endroit, ne pouvant rassembler mes idées troublées par tant d'émotions terribles.

Mon incertitude sur le sort de Marie Ivanovna me tourmentait plus que toute autre chose. «Où est-elle? qu'est-elle devenue? a-t-elle eu le temps de se cacher? sa retraite est-elle sûre?» Rempli de ces pensées accablantes, j'entrai dans la maison du commandant. Tout y était vide. Les chaises, les tables, les armoires étaient brûlées, la vaisselle en pièces. Un affreux désordre régnait partout. Je montai rapidement le petit escalier qui conduisait à la chambre de Marie Ivanovna, où j'allais entrer pour la première fois de ma vie. Son lit était bouleversé, l'armoire ouverte et dévalisée. Une lampe brûlait encore devant le *kivot* [46] vide également. On n'avait pas emporté non plus un petit miroir accroché entre la porte et la fenêtre. Qu'était devenue l'hôtesse de cette simple et virginale cellule? Une idée terrible me traversait l'esprit. J'imaginai Marie dans les mains des brigands. Mon coeur se serra; je fondis en larmes et prononçai à haute voix le nom de mon amante. En ce moment, un léger bruit se fit entendre, et Palachka, toute pale, sortit de derrière l'armoire.

«Ah! Piôtr Andréitch, dit-elle en joignant les mains, quelle journée! quelles horreurs!

--Marie Ivanovna? demandai-je avec impatience; que fait Marie Ivanovna?

--La demoiselle est en vie, répondit Palachka; elle est cachée chez Akoulina Pamphilovna.

--Chez la femme du pope! m'écriai-je avec terreur. Grand Dieu! Pougatcheff est là!»

Je me précipitai hors de la chambre, je descendis en deux sauts dans la rue, et, tout éperdu, me mis à courir vers la maison du pope. Elle retentissait de chansons, de cris et d'éclats de rire. Pougatcheff y tenait table avec ses compagnons. Palachka m'avait suivi. Je l'envoyai appeler en cachette Akoulina Pamphilovna. Un moment après, la femme du pope sortit dans l'antichambre, un flacon vide à la main.

«Au nom du ciel, où est Marie Ivanovna? demandai-je avec une agitation inexprimable.

--Elle est couchée, ma petite colombe, répondit la femme du pope, sur mon lit, derrière la cloison. Ah! Piôtr Andréitch, un malheur était bien près d'arriver. Mais, grâce à Dieu, tout s'est heureusement passé. Le scélérat s'était à peine assis à table, que la pauvrette se mit à gémir. Je me sentis mourir de peur. Il l'entendit: «Qui est-ce qui gémit chez toi, vieille?» Je saluai le brigand jusqu'à terre: «Ma nièce, tsar; elle est malade et alitée il y a plus d'une semaine.-

-Et ta nièce est jeune?--Elle est jeune, tsar.--Voyons, vieille, montre-moi ta nièce.» Je sentis le coeur me manquer; mais que pouvais-je faire? «Fort bien, tsar; mais la fille n'aura pas la force de se lever et de venir devant Ta Grâce.--Ce n'est rien, vieille; j'irai moi-même la voir.» Et, le croiras-tu? le maudit est allé derrière la cloison. Il tira le rideau, la regarda de ses yeux d'épervier, et rien de plus; Dieu nous vint en aide. Croiras-tu que nous étions déjà préparés, moi et le père, à une mort de martyrs? Par bonheur, la petite colombe ne l'a pas reconnu. Ô Seigneur Dieu! quelles fêtes nous arrivent! Pauvre Ivan Kouzmitch, qui l'aurait cru? Et Vassilissa Iégorovna, et Ivan Ignatiitch! Pourquoi celui-là? Et vous, comment vous a-t-on épargné? Et que direz-vous de Chvabrine, d'Alexéi Ivanitch? Il s'est coupé les cheveux en rond, et le voilà qui bamboche avec eux. Il est adroit, on doit en convenir. Et quand j'ai parlé de ma nièce malade, croiras-tu qu'il m'a jeté un regard comme s'il eût voulu me percer de son couteau? Cependant il ne nous a pas trahis. Grâces lui soient rendues, au moins pour cela!»

En ce moment retentirent à la fois les cris avinés des convives et la voix du père Garasim. Les convives demandaient du vin, et le pope appelait sa femme.

«Retournez à la maison, Piôtr Andréitch, me dit-elle tout en émoi. J'ai autre chose à faire qu'à jaser avec vous. Il vous arrivera malheur si vous leur tombez maintenant sous la main. Adieu, Piôtr Andréitch; ce qui sera sera; peut-être que Dieu daignera ne pas nous abandonner.»

La femme du pope rentra chez elle; un peu tranquillisé, je retournai chez moi. En traversant la place, je vis plusieurs Bachkirs qui se pressaient autour du gibet pour arracher les bottes aux pendus. Je retins avec peine l'explosion de ma colère, dont je sentais toute l'inutilité. Les brigands parcouraient la forteresse et pillaient les maisons des officiers. On entendait partout les cris des rebelles dans leurs orgies. Je rentrai à la maison. Savéliitch me rencontra sur le seuil. «Grâce à Dieu, s'écria-t-il en me voyant, je croyais que les scélérats t'avaient saisi de nouveau. Ah! mon père Piôtr Andréitch, le croiras-tu? les brigands nous ont tout pris: les habits, le linge, les effets, la vaisselle; ils n'ont rien laissé. Mais qu'importe? Grâces soient rendues à Dieu de ce qu'ils ne t'ont pas au moins ôté la vie! Mais as-tu reconnu, maître, leur *ataman* [47]?

--Non, je ne l'ai pas reconnu; qui donc est-il?

--Comment, mon petit père! tu as déjà oublié l'ivrogne qui t'a escroqué le *touloup* le jour du chasse-neige, un *touloup* de peau de lièvre, et tout neuf. Et lui, le coquin, a rompu toutes les coutures en l'endossant.»

Je tombai de mon haut. La ressemblance de Pougatcheff et de mon guide était frappante en effet. Je finis par me persuader que Pougatcheff et lui étaient bien le même homme, et je compris alors la grâce qu'il m'avait faite.

Je ne pus assez admirer l'étrange liaison des événements. Un *touloup* d'enfant, donné à un vagabond, me sauvait de la corde, et un ivrogne qui courait les cabarets assiégeait des forteresses et ébranlait l'empire.

«Ne daigneras-tu pas manger? me dit Savéliitch qui était fidèle à ses habitudes. Il n'y a rien à la maison, il est vrai; mais je chercherai partout, et je te préparerai quelque chose.»

Resté seul, je me mis à réfléchir. Qu'avais-je à faire? Ne pas quitter la forteresse soumise au brigand ou bien se joindre à sa troupe, était indigne d'un officier. Le devoir voulait que j'allasse me présenter là où je pouvais encore être utile à ma patrie, dans les critiques circonstances où elle se trouvait. Mais mon amour me conseillait avec non moins de force de rester auprès de Marie Ivanovna pour être son protecteur et son champion. Quoique je prévisse un changement prochain et inévitable dans la marche des choses, cependant je ne pouvais me défendre de trembler en me représentant le danger de sa position.

Mes réflexions furent interrompues par l'arrivée d'un Cosaque qui accourait m'annoncer que le grand tsar m'appelait auprès de lui.

«Où est-il? demandai-je en me préparant à obéir.

--Dans la maison du commandant, répondit le Cosaque. Après dîner notre père est allé au bain; il repose maintenant. Ah! Votre Seigneurie, on voit bien que c'est un important personnage; il a daigné manger à dîner deux cochons de lait rôtis; et puis il est monté au plus haut du bain [48], où il faisait si chaud que Tarass Kourotchkine lui-même n'a pu le supporter; il a passé le balai à Bikbaïeff, et n'est revenu à lui qu'à force d'eau froide. Il faut en convenir, toutes ses manières sont si majestueuses,... et dans le bain, à ce qu'on dit, il a montré ses signes de tsar: sur l'un des seins, un aigle à deux têtes grand comme un *pétak* [49] et sur l'autre, sa propre figure.»

Je ne crus pas nécessaire de contredire le Cosaque, et je le suivis dans la maison du commandant, tâchant de me représenter à l'avance mon entrevue avec Pougatcheff, et de deviner comment elle finirait. Le lecteur me croira facilement si je lui dis que je n'étais pas pleinement rassuré.

Il commençait à faire sombre quand j'arrivai à la maison du commandant. La potence avec ses victimes se dressait noire et terrible; le corps de la pauvre commandante gisait encore sous le perron, près duquel deux Cosaques montaient la garde. Celui qui m'avait amené entra pour annoncer mon arrivée; il revint aussitôt, et m'introduisit dans cette chambre où, la veille, j'avais dit adieu à Marie Ivanovna.

Un tableau étrange s'offrit à mes regards. À une table couverte d'une nappe, et toute chargée de bouteilles et de verres, était assis Pougatcheff, entouré d'une dizaine de chefs cosaques, en bonnets et en chemises de couleur, échauffés par le vin, avec des visages enflammés et des yeux étincelants. Je ne voyais point parmi eux les nouveaux affidés, les traîtres Chvabrine et l'*ouriadnik*.

«Ah! ah! c'est Votre Seigneurie, dit Pougatcheff en me voyant. Soyez le bienvenu. Honneur à vous et place au banquet!»

Les convives se serrèrent; je m'assis en silence au bout de la table. Mon voisin, jeune Cosaque élancé et de jolie figure, me versa une rasade d'eau-de-vie, à laquelle je ne touchai pas. J'étais occupé à considérer curieusement la réunion. Pougatcheff était assis à la place d'honneur, accoudé sur la table et appuyant sa barbe noire sur son large poing. Les traits de son visage, réguliers et agréables, n'avaient aucune expression farouche. Il s'adressait souvent à un homme d'une cinquantaine d'années, en l'appelant tantôt comte, tantôt Timoféitch, tantôt mon oncle. Tous se traitaient comme des camarades, et ne montraient aucune déférence bien marquée pour leur chef. Ils parlaient de l'assaut du matin, du succès de la révolte et de leurs prochaines opérations. Chacun se vantait de ses prouesses, exposait ses opinions et contredisait librement Pougatcheff. Et c'est dans cet étrange conseil de guerre qu'on prit la résolution de marcher sur Orenbourg, mouvement hardi et qui fut bien près d'être couronné de succès. Le départ fut arrêté pour le lendemain.

Les convives burent encore chacun une rasade, se levèrent de table, et prirent congé de Pougatcheff. Je voulais les suivre, mais Pougatcheff me dit:

«Reste là, je veux te parler.»

Nous demeurâmes en tête-à-tête.

Pendant quelques instants continua un silence mutuel. Pougatcheff me regardait fixement, en clignant de temps en temps son oeil gauche avec une expression indéfinissable de ruse et de moquerie. Enfin, il partit d'un long éclat de rire, et avec une gaieté si peu feinte, que moi-même, en le regardant, je me mis à rire sans savoir pourquoi.

«Eh bien! Votre Seigneurie, me dit-il; avoue-le, tu as eu peur quand mes garçons t'ont jeté la corde au cou? je crois que le ciel t'a paru de la grandeur d'une peau de mouton. Et tu te serais balancé sous la traverse sans ton domestique. J'ai reconnu à l'instant même le vieux hibou. Eh bien, aurais-tu pensé, Votre Seigneurie, que l'homme qui t'a conduit au gîte dans la steppe était le grand tsar lui-même?»

En disant ces mots, il prit un air grave et mystérieux. «Tu es bien coupable envers moi, reprit-il, mais je t'ai fait grâce pour ta vertu, et pour m'avoir rendu service quand j'étais forcé de me cacher de mes ennemis. Mais tu verras bien autre chose, je te comblerai de bien autres faveurs quand j'aurai recouvré mon empire. Promets-tu de me servir avec zèle?»

La question du bandit et son impudence me semblèrent si risibles que je ne pus réprimer un sourire.

«Pourquoi ris-tu? me demanda-t-il en fronçant le sourcil; est-ce que tu ne crois pas que je sois le grand tsar? réponds-moi franchement.»

Je me troublai. Reconnaître un vagabond pour empereur, je n'en étais pas capable; cela me semblait une impardonnable lâcheté. L'appeler imposteur en face, c'était me dévouer à la mort; et le sacrifice auquel j'étais prêt sous le gibet, en face de tout le peuple et dans la première chaleur de mon indignation, me paraissait une fanfaronnade inutile. Je ne savais que dire.

Pougatcheff attendait ma réponse dans un silence farouche. Enfin (et je me rappelle encore ce moment avec la satisfaction de moi-même) le sentiment du devoir triompha en moi de la faiblesse humaine. Je répondis à Pougatcheff:

«Écoute, je te dirai toute la vérité. Je t'en fais juge. Puis-je reconnaître en toi un tsar? tu es un homme d'esprit; tu verrais bien que je mens.

--Qui donc suis-je d'après toi?

--Dieu le sait; mais, qui que tu sois, tu joues un jeu périlleux.»

Pougatcheff me jeta un regard rapide et profond:

«Tu ne crois donc pas que je sois l'empereur Pierre? Eh bien! soit. Est-ce qu'il n'y a pas de réussite pour les gens hardis? est-ce qu'anciennement Grichka Otrépieff [50] n'a pas régné! Pense de moi ce que tu veux, mais ne me quitte pas. Qu'est-ce que te fait l'un ou l'autre? Qui est pope est père. Sers-moi fidèlement et je ferai de toi un feld-maréchal et un prince. Qu'en dis-tu?

--Non, répondis-je avec fermeté; je suis gentilhomme; j'ai prêté serment à Sa Majesté l'impératrice; je ne puis te servir. Si tu me veux du bien en effet, renvoie-moi à Orenbourg.»

Pougatcheff se mit à réfléchir:

«Mais si je te renvoie, dit-il, me promets-tu du moins de ne pas porter les armes contre moi?

--Comment veux-tu que je te le promette? répondis-je; tu sais toi-même que cela ne dépend pas de ma volonté. Si l'on m'ordonne de marcher contre toi, il faudra me soumettre. Tu es un chef maintenant, tu veux que tes subordonnés t'obéissent. Comment puis-je refuser de servir, si l'on a besoin de mon service? Ma tête est dans tes mains; si tu me laisses libre, merci; si tu me fais mourir, que Dieu te juge; mais je t'ai dit la vérité.»

Ma franchise plut à Pougatcheff.

«Soit, dit-il en me frappant sur l'épaule; il faut punir jusqu'au bout, ou faire grâce jusqu'au bout. Va-t'en des quatre côtés, et fais ce que bon te semble. Viens demain me dire adieu. Et maintenant va te coucher; j'ai sommeil moi-même.»

Je quittai Pougatcheff, et sortis dans la rue. La nuit était calme et froide; la lune et les étoiles, brillant de tout leur éclat, éclairaient la place et le gibet. Tout était tranquille et sombre dans le reste de la forteresse. Il n'y avait plus que le cabaret où se voyait de la lumière et où s'entendaient les cris des buveurs attardés. Je jetai un regard sur la maison du pope; les portes et les volets étaient fermés; tout y semblait parfaitement tranquille.

Je rentrai chez moi et trouvai Savéliitch qui déplorait mon absence. La nouvelle de ma liberté recouvrée le combla de joie.

«Grâces te soient rendues, Seigneur! dit-il en faisant le signe de la croix. Nous allons quitter la forteresse demain au point du jour, et nous irons à la garde de Dieu. Je t'ai préparé quelque petite chose; mange, mon père, et dors jusqu'au matin, tranquille comme dans la poche du Christ.»

Je suivis son conseil, et, après avoir soupé de grand appétit, je m'endormis sur le plancher tout nu, aussi fatigué d'esprit que de corps.

# LA SÉPARATION

De très bonne heure le tambour me réveilla. Je me rendis sur la place. Là, les troupes de Pougatcheff commençaient à se ranger autour de la potence où se trouvaient encore attachées les victimes de la veille. Les Cosaques se tenaient à cheval; les soldats de pied, l'arme au bras; les enseignes flottaient. Plusieurs canons, parmi lesquels je reconnus le nôtre, étaient posés sur des affûts de campagne. Tous les habitants s'étaient réunis au même endroit, attendant l'usurpateur. Devant le perron de la maison du commandant, un Cosaque tenait par la bride un magnifique cheval blanc de race kirghise. Je cherchai des yeux le corps de la commandante; on l'avait poussé de côté et recouvert d'une méchante natte d'écorce. Enfin Pougatcheff sortit de la maison. Toute la foule se découvrit. Pougatcheff s'arrêta sur le perron, et dit le bonjour à tout le monde. L'un des chefs lui présenta un sac rempli de pièces de cuivre, qu'il se mit à jeter à pleines poignées. Le peuple se précipita pour les ramasser, en se les disputant avec des coups. Les principaux complices de Pougatcheff l'entourèrent: parmi eux se trouvait Chvabrine. Nos regards se rencontrèrent, il put lire le mépris dans le mien, et il détourna les yeux avec une expression de haine véritable et de feinte moquerie. M'apercevant dans la foule, Pougatcheff me fit un signe de la tête, et m'appela près de lui.

«Écoute, me dit-il, pars à l'instant même pour Orenbourg. Tu déclareras de ma part au gouverneur et à tous les généraux qu'ils aient à m'attendre dans une semaine. Conseille-leur de me recevoir avec soumission et amour filial; sinon ils n'éviteront pas un supplice terrible. Bon voyage, Votre Seigneurie.»

Puis, se tournant vers le peuple, il montra Chvabrine: «Voilà, enfants, dit-il, votre nouveau commandant. Obéissez-lui en toute chose; il me répond de vous et de la forteresse».

J'entendis ces paroles avec terreur. Chvabrine devenu le maître de la place, Marie restait en son pouvoir. Grand Dieu! que deviendra-t-elle? Pougatcheff descendit le perron; on lui amena son cheval; il s'élança rapidement en selle, sans attendre l'aide des Cosaques qui s'apprêtaient à le soutenir.

En ce moment, je vis sortir de la foule mon Savéliitch; il s'approcha de Pougatcheff, et lui présenta une feuille de papier. Je ne pouvais imaginer ce que cela voulait dire.

«Qu'est-ce? demanda Pougatcheff avec dignité.

--Lis, tu daigneras voir», répondit Savéliitch.

Pougatcheff reçut le papier et l'examina longtemps d'un air d'importance. «Tu écris bien illisiblement, dit-il enfin; nos yeux lucides [51] ne peuvent rien déchiffrer. Où est mon secrétaire en chef?»

Un jeune garçon, en uniforme de caporal, s'approcha en courant de Pougatcheff. «Lis à haute voix», lui dit l'usurpateur en lui présentant le papier. J'étais extrêmement curieux de savoir à quel propos mon menin s'était avisé d'écrire à Pougatcheff. Le secrétaire en chef se mit à épeler d'une voix retentissante ce qui va suivre:

«Deux robes de chambre, l'une en percale, l'autre en soie rayée: six roubles.

--Qu'est-ce que cela veut dire? interrompit Pougatcheff en fronçant le sourcil.

--Ordonne de lire plus loin», répondit Savéliitch avec un calme parfait.

Le secrétaire en chef continua sa lecture:

«Un uniforme en fin drap vert: sept roubles.

«Un pantalon de drap blanc: cinq roubles.

«Deux chemises de toile de Hollande, avec des manchettes: dix roubles.

«Une cassette avec un service à thé: deux roubles et demi.

--Qu'est-ce que toute cette bêtise? s'écria Pougatcheff. Que me font ces cassettes à thé et ces pantalons avec des manchettes?»

Savéliitch se nettoya la voix en toussant, et se mit à expliquer la chose: «Cela, mon père, daigne comprendre que c'est la note du bien de mon maître emporté par les scélérats.

--Quels scélérats? demanda Pougatcheff d'un air terrible.

--Pardon, la langue m'a tourné, répondit Savéliitch; pour des scélérats, non, ce ne sont pas des scélérats; mais cependant les garçons ont bien fouillé et bien volé; il faut en convenir. Ne te fâche pas; le cheval a quatre jambes, et pourtant il bronche. Ordonne de lire jusqu'au bout.

--Voyons, lis.»

Le secrétaire continua:

«Une couverture en perse, une autre en taffetas ouaté: quatre roubles.

«Une pelisse en peau de renard, couverte de ratine rouge: quarante roubles.

«Et encore un petit *touloup* en peau de lièvre, dont on a fait abandon à Ta Grâce dans le gîte de la steppe: quinze roubles.

--Qu'est-ce que cela?» s'écria Pougatcheff dont les yeux étincelèrent tout à coup.

J'avoue que j'eus peur pour mon pauvre menin. Il allait s'embarquer dans de nouvelles explications, lorsque Pougatcheff l'interrompit.

«Comment as-tu bien osé m'importuner de pareilles sottises? s'écria-t-il en arrachant le papier des mains du secrétaire, et en le jetant au nez de Savéliitch. Sot vieillard! On vous a dépouillés, grand malheur! Mais tu dois, vieux hibou, éternellement prier Dieu pour moi et mes garçons, de ce que toi et ton maître vous ne pendez pas là-haut avec les autres rebelles... Un *touloup* en peau de lièvre! je te donnerai un *touloup* en peau de lièvre! Mais sais-tu bien que je te ferai écorcher vif pour qu'on fasse des *touloups* de ta peau.

--Comme il te plaira, répondit Savéliitch; mais je ne suis pas un homme libre, et je dois répondre du bien de mon seigneur.»

Pougatcheff était apparemment dans un accès de grandeur d'âme. Il détourna la tête, et partit sans dire un mot. Chvabrine et les chefs le suivirent. Toute la troupe sortit en bon ordre de la forteresse. Le peuple lui fit cortège. Je restai seul sur la place avec Savéliitch. Mon menin tenait dans la main son mémoire, et le considérait avec un air de profond regret. En voyant ma cordiale entente avec Pougatcheff, il avait cru pouvoir en tirer parti. Mais sa sage intention ne lui réussit pas. J'allais le gronder vertement pour ce zèle déplacé, et je ne pus m'empêcher de rire.

«Ris, seigneur, ris, me dit Savéliitch; mais quand il te faudra remonter ton ménage à neuf, nous verrons si tu auras envie de rire.»

Je courus à la maison du pope pour y voir Marie Ivanovna. La femme du pope vint à ma rencontre pour m'apprendre une douloureuse nouvelle. Pendant la nuit, la fièvre chaude s'était déclarée chez la pauvre fille. Elle avait le délire. Akoulina Pamphilovna m'introduisit dans sa chambre. J'approchai doucement du lit. Je fus frappé de l'effrayant changement de son visage. La malade ne me reconnut point. Immobile devant elle, je fus longtemps sans entendre le père Garasim et sa bonne femme, qui, selon toute apparence, s'efforçaient de me consoler. De lugubres idées m'agitaient. La position d'une triste orpheline, laissée seule et sans défense au pouvoir des scélérats, m'effrayait autant que me désolait ma propre impuissance; mais Chvabrine, Chvabrine surtout m'épouvantait. Resté chef, investi des pouvoirs de l'usurpateur, dans la forteresse où se trouvait la malheureuse fille objet de sa haine, il était capable de tous les excès. Que devais-je faire? comment la secourir, comment la délivrer? Un seul moyen restait et je l'embrassai. C'était de partir en toute hâte pour Orenbourg, afin de presser la délivrance de Bélogorsk, et d'y coopérer, si c'était possible. Je pris congé du pope et d'Akoulina Pamphilovna, en leur recommandant avec les plus chaudes instances celle que je considérais déjà comme ma femme. Je saisis la main de la pauvre jeune fille, et la couvris de baisers et de larmes.

«Adieu, me dit la femme du pope en me reconduisant, adieu, Piôtr Andréitch; peut-être nous reverrons-nous dans un temps meilleur. Ne nous oubliez pas et écrivez-nous souvent. Vous excepté, la pauvre Marie Ivanovna n'a plus ni soutien ni consolateur.»

Sorti sur la place, je m'arrêtai un instant devant le gibet, que je saluai respectueusement, et je pris la route d'Orenbourg, en compagnie de Savéliitch, qui ne m'abandonnait pas.

J'allais ainsi, plongé dans mes réflexions, lorsque j'entendis tout d'un coup derrière moi un galop de chevaux. Je tournai la tête et vis un Cosaque qui accourait de la forteresse, tenant en main un cheval de Bachkir, et me faisant de loin des signes pour que je l'attendisse. Je m'arrêtai, et reconnus bientôt notre *ouriadnik*. Après nous avoir rejoints au galop, il descendit de son cheval, et me remettant la bride de l'autre: «Votre Seigneurie, me dit-il, notre père vous fait don d'un cheval et d'une pelisse de son épaule.»

**JE TOURNAI LA TÊTE ET VIS UN COSAQUE QUI ACCOURAIT DE LA FORTERESSE.**

À la selle était attaché un simple *touloup* de peau de mouton. «Et de plus, ajouta-t-il en hésitant, il vous donne un demi-rouble... Mais je l'ai perdu en route; excusez généreusement.»

Savéliitch le regarda de travers: «Tu l'as perdu en route, dit-il; et qu'est-ce qui sonne dans ta poche, effronté que tu es?

--Ce qui sonne dans ma poche! répliqua l'*ouriadnik* sans se déconcerter, Dieu te pardonne, vieillard! c'est un mors de bride et non un demi-rouble.

--Bien, bien! dis-je en terminant la dispute; remercie de ma part celui qui t'envoie; tâche même de retrouver en t'en allant le demi-rouble perdu, et prends-le comme pourboire.

--Grand merci, Votre Seigneurie, dit-il en faisant tourner son cheval; je prierai éternellement Dieu pour vous.»

À ces mots, il partit au galop, tenant une main sur sa poche, et fut bientôt hors de la vue.

Je mis le *touloup* et montai à cheval, prenant Savéliitch en croupe. «Vois-tu bien, seigneur, me dit le vieillard, que ce n'est pas inutilement que j'ai présenté ma supplique au bandit? Le voleur a eu honte; quoique cette longue rosse bachkire et ce *touloup* de paysan ne vaillent pas la moitié de ce que ces coquins nous ont volé et de ce que tu as toi-même daigné lui donner en présent, cependant ça peut nous être utile. D'un méchant chien, même une poignée de poils.»

# LE SIÈGE

En approchant d'Orenbourg, nous aperçûmes une foule de forçats avec les têtes rasées et des visages défigurés par les tenailles du bourreau [52]. Ils travaillaient aux fortifications de la place sous la surveillance des invalides de la garnison. Quelques-uns emportaient sur des brouettes les décombres qui remplissaient le fossé; d'autres creusaient la terre avec des bêches. Des maçons transportaient des briques et réparaient les murailles. Les sentinelles nous arrêtèrent aux portes pour demander nos passeports. Quand le sergent sut que nous venions de la forteresse de Bélogorsk, il nous conduisit tout droit chez le général.

Je le trouvai dans son jardin. Il examinait les pommiers que le souffle d'automne avait déjà dépouillés de leurs feuilles, et, avec l'aide d'un vieux jardinier, il les enveloppait soigneusement de paille. Sa figure exprimait le calme, la bonne humeur et la santé. Il parut très content de me voir, et se mit à me questionner sur les terribles événements dont j'avais été le témoin. Je le lui racontai. Le vieillard m'écoutait avec attention, et, tout en m'écoutant, coupait les branches mortes.

«Pauvre Mironoff, dit-il quand j'achevai ma triste histoire! c'est dommage, il avait été bon officier. Et madame Mironoff, elle était une bonne dame, et passée maîtresse pour saler les champignons. Et qu'est devenue Macha, la fille du capitaine?»

Je lui répondis qu'elle était restée à la forteresse, dans la maison du pope.

«Aïe! aïe! aïe! fit le général, c'est mauvais, c'est très mauvais; il est tout à fait impossible de compter sur la discipline des brigands.»

Je lui fis observer que la forteresse de Bélogorsk n'était pas fort éloignée, et que probablement Son Excellence ne tarderait pas à envoyer un détachement de troupes pour en délivrer les pauvres habitants. Le général hocha la tête avec un air de doute. «Nous verrons, dit-il; nous avons tout le temps d'en parler. Je te prie de venir prendre le thé chez moi. Il y aura ce soir conseil de guerre; tu peux nous donner des renseignements précis sur ce coquin de Pougatcheff et sur son armée. Va te reposer en attendant.»

J'allai au logis qu'on m'avait désigné, et où déjà s'installait Savéliitch. J'y attendis impatiemment l'heure fixée. Le lecteur peut bien croire que je n'avais garde de manquer à ce conseil de guerre, qui devait avoir une si grande influence sur toute ma vie. À l'heure indiquée, j'étais chez le général.

Je trouvai chez lui l'un des employés civils d'Orenbourg, le directeur des douanes, autant que je puis me le rappeler, petit vieillard gros et rouge, vêtu d'un habit de soie moirée. Il se mit à m'interroger sur le sort d'Ivan Kouzmitch, qu'il appelait son compère, et souvent il m'interrompait par des questions accessoires et des remarques sentencieuses, qui, si elles ne prouvaient pas un homme versé dans les choses de la guerre, montraient en lui de l'esprit naturel et de la finesse. Pendant ce temps, les autres conviés s'étaient réunis. Quand tous eurent pris place, et qu'on eut offert à chacun une tasse de thé, le général exposa longuement et minutieusement en quoi consistait l'affaire en question.

«Maintenant, messieurs, il nous faut décider de quelle manière nous devons agir contre les rebelles. Est-ce offensivement ou défensivement? Chacune de ces deux manières a ses avantages et ses désavantages. La guerre offensive présente plus d'espoir d'une rapide extermination de l'ennemi; mais la guerre défensive est plus sûre et présente moins de dangers. En conséquence, nous recueillerons les voix suivant l'ordre légal, c'est-à-dire en consultant d'abord les plus jeunes par le rang. Monsieur l'enseigne, continua-t-il en s'adressant à moi, daignez nous énoncer votre opinion.»

Je me levai et, après avoir dépeint en peu de mots Pougatcheff et sa troupe, j'affirmai que l'usurpateur n'était pas en état de résister à des forces disciplinées.

Mon opinion fut accueillie par les employés civils avec un visible mécontentement. Ils y voyaient l'impertinence étourdie d'un jeune homme. Un murmure s'éleva, et j'entendis distinctement le mot *suceur de lait* [53] prononcé à demi-voix. Le général se tourna de mon côté et me dit en souriant:

«Monsieur l'enseigne, les premières voix dans les conseils de guerre se donnent ordinairement aux mesures offensives. Maintenant nous allons continuer à recueillir les votes. Monsieur le conseiller de collège, dites-nous votre opinion.»

Le petit vieillard en habit d'étoffe moirée se hâta d'avaler sa troisième tasse de thé, qu'il avait mélangé d'une forte dose de rhum.

«Je crois, Votre Excellence, dit-il, qu'il ne faut agir ni offensivement ni défensivement.

--Comment cela, monsieur le conseiller de collège? repartit le général stupéfait. La tactique ne présente pas d'autres moyens; il faut agir offensivement ou défensivement.

--Votre Excellence, agissez subornativement [54].

--Eh! eh! votre opinion est très judicieuse; les actions subornatives sont admises aussi par la tactique, et nous profiterons de votre conseil. On pourra offrir pour la tête du coquin soixante-dix ou même cent roubles à prendre sur les fonds secrets.

--Et alors, interrompit le directeur des douanes, que je sois un bélier kirghise au lieu d'être un conseiller de collège, si ces voleurs ne nous livrent leur *ataman* enchaîné par les pieds et les mains.

--Nous y réfléchirons et nous en parlerons encore, reprit le général. Cependant, pour tous les cas, il faut prendre aussi des mesures militaires. Messieurs, donnez vos voix dans l'ordre légal.»

Toutes les opinions furent contraires à la mienne. Les assistants parlèrent à l'envi du peu de confiance qu'inspiraient les troupes, de l'incertitude du succès, de la nécessité de la prudence, et ainsi de suite. Tous étaient d'avis qu'il valait mieux rester derrière une forte muraille en pierre, sous la protection du canon, que de tenter la fortune des armes en rase campagne. Enfin, quand toutes les opinions se furent manifestées, le général secoua la cendre de sa pipe, et prononça le discours suivant:

«Messieurs, je dois vous déclarer que, pour ma part, je suis entièrement de l'avis de M. l'enseigne; car cette opinion est fondée sur les préceptes de la saine tactique, qui préfère presque toujours les mouvements offensifs aux mouvements défensifs.»

Il s'arrêta un instant, et bourra sa pipe. Je triomphais dans mon amour-propre. Je jetai un coup d'oeil fier sur les employés civils, qui chuchotaient entre eux d'un air d'inquiétude et de mécontentement.

«Mais, messieurs, continua le général en lâchant avec un soupir une longue bouffée de tabac, je n'ose pas prendre sur moi une si grande responsabilité, quand il s'agit de la sûreté des provinces confiées à mes soins par Sa Majesté Impériale, ma gracieuse souveraine. C'est pour cela que je me vois contraint de me ranger à l'avis de la majorité, laquelle a décidé que la prudence ainsi que la raison veulent que nous attendions dans la ville le siège qui nous menace, et que nous repoussions les attaques de l'ennemi par la force de l'artillerie, et, si la possibilité s'en fait voir, par des sorties bien dirigées.»

Ce fut le tour des employés de me regarder d'un air moqueur. Le conseil se sépara. Je ne pus m'empêcher de déplorer la faiblesse du respectable soldat qui, contrairement à sa propre conviction, s'était décidé à suivre l'opinion d'ignorants sans expérience.

Plusieurs jours après ce fameux conseil de guerre, Pougatcheff, fidèle à sa promesse, s'approcha d'Orenbourg. Du haut des murailles de la ville, je pris connaissance de l'armée des rebelles. Il me sembla que leur nombre avait décuplé depuis le dernier assaut dont j'avais été témoin. Ils avaient aussi de l'artillerie enlevée dans les petites forteresses conquises par Pougatcheff. En me rappelant la décision du conseil, je prévis une longue captivité dans les murs d'Orenbourg, et j'étais prêt à pleurer de dépit.

Loin de moi l'intention de décrire le siège d'Orenbourg, qui appartient à l'histoire et non à des mémoires de famille. Je dirai donc en peu de mots que, par suite des mauvaises dispositions de l'autorité, ce siège fut désastreux pour les habitants, qui eurent à souffrir la faim et les privations de tous genres. La vie à Orenbourg devenait insupportable; chacun attendait avec angoisse la décision de la destinée. Tous se plaignaient de la disette, qui était affreuse. Les habitants finirent par s'habituer aux bombes qui tombaient sur leurs maisons. Les assauts mêmes de Pougatcheff n'excitaient plus une grande émotion. Je mourais d'ennui. Le temps passait lentement. Je ne pouvais recevoir aucune lettre de Bélogorsk, car toutes les routes étaient coupées, et la séparation d'avec Marie me devenait insupportable. Mon seul passe-temps consistait à faire des promenades militaires.

Grâce à Pougatcheff, j'avais un assez bon cheval, avec lequel je partageais ma maigre pitance. Je sortais tous les jours hors du rempart, et j'allais tirailler contre les éclaireurs de Pougatcheff. Dans ces espèces d'escarmouches, l'avantage restait d'ordinaire aux rebelles, qui avaient de quoi vivre abondamment, et d'excellentes montures. Notre maigre cavalerie n'était pas en état de leur tenir tête. Quelquefois notre infanterie affamée se mettait aussi en campagne; mais la profondeur de la neige l'empêchait d'agir avec succès contre la cavalerie volante de l'ennemi. L'artillerie tonnait vainement du haut des remparts, et, dans la campagne, elle ne pouvait avancer à cause de la faiblesse des chevaux exténués. Voilà quelle était notre façon de faire la guerre, et voilà ce que les employés d'Orenbourg appelaient prudence et prévoyance.

Un jour que nous avions réussi à dissiper et à chasser devant nous une troupe assez nombreuse, j'atteignis un Cosaque resté en arrière, et j'allais le frapper de mon sabre turc, lorsqu'il ôta son bonnet, et s'écria:

«Bonjour, Piôtr Andréitch; comment va votre santé?»

**J'ALLAIS LE FRAPPER DE MON SABRE.**

Je reconnus notre *ouriadnik*. Je ne saurais dire combien je fus content de le voir.

«Bonjour, Maximitch, lui dis-je; y a-t-il longtemps que tu as quitté Bélogorsk?

--Il n'y a pas longtemps, mon petit père Piôtr Andréitch; je ne suis revenu qu'hier. J'ai une lettre pour vous.

--Où est-elle? m'écriai-je tout transporté.

--Avec moi, répondit Maximitch en mettant la main dans son sein. J'ai promis à Palachka de tâcher de vous la remettre.»

Il me présenta un papier plié, et partit aussitôt au galop. Je l'ouvris, et lus avec agitation les lignes suivantes:

«Dieu a voulu me priver tout à coup de mon père et de ma mère. Je n'ai plus sur la terre ni parents ni protecteurs. J'ai recours à vous, parce que je sais que vous m'avez toujours voulu du bien, et que vous êtes toujours prêt à secourir ceux qui souffrent. Je prie Dieu que cette lettre puisse parvenir jusqu'à vous.

Maximitch m'a promis de vous la faire parvenir. Palachka a ouï dire aussi à Maximitch qu'il vous voit souvent de loin dans les sorties, et que vous ne vous ménagez pas, sans penser à ceux qui prient Dieu pour vous avec des larmes. Je suis restée longtemps malade, et lorsque enfin j'ai été guérie, Alexéi Ivanitch, qui commande ici à la place de feu mon père, a forcé le père Garasim de me remettre entre ses mains, en lui faisant peur de Pougatcheff. Je vis sous sa garde dans notre maison. Alexéi Ivanitch me force à l'épouser. Il dit qu'il m'a sauvé la vie en ne découvrant pas la ruse d'Akoulina Pamphilovna quand elle m'a fait passer près des brigands pour sa nièce; mais il me serait plus facile de mourir que de devenir la femme d'un homme comme Chvabrine. Il me traite avec beaucoup de cruauté, et menace, si je ne change pas d'avis, si je ne consens pas à ses propositions, de me conduire dans le camp du bandit, où j'aurai le sort d'Élisabeth Kharloff [55]. J'ai prié Alexéi Ivanitch de me donner quelque temps pour réfléchir. Il m'a accordé trois jours; si, après trois jours, je ne deviens pas sa femme, je n'aurai plus de ménagement à attendre. Ô mon père Piôtr Andréitch, vous êtes mon seul protecteur. Défendez-moi, pauvre fille. Suppliez le général et tous vos chefs de nous envoyer du secours aussitôt que possible, et venez vous-même si vous le pouvez. Je reste votre orpheline soumise,

«MARIE MIRONOFF.»

Je manquai de devenir fou à la lecture de cette lettre. Je m'élançai vers la ville, en donnant sans pitié de l'éperon à mon pauvre cheval. Pendant la course je roulai dans ma tête mille projets pour délivrer la malheureuse fille, sans pouvoir m'arrêter à aucun. Arrivé dans la ville, j'allai droit chez le général, et j'entrai en courant dans sa chambre.

Il se promenait de long en large, et fumait dans sa pipe d'écume. En me voyant, il s'arrêta; mon aspect sans doute l'avait frappé, car il m'interrogea avec une sorte d'anxiété sur la cause de mon entrée si brusque.

«Votre Excellence, lui dis-je, j'accours auprès de vous comme auprès de mon pauvre père. Ne repoussez pas ma demande; il y va du bonheur de toute ma vie.

--Qu'est-ce que c'est, mon père? demanda le général stupéfait; que puis-je faire pour toi? Parle.

--Votre Excellence, permettez-moi de prendre un bataillon de soldats et un demi-cent de Cosaques pour aller balayer la forteresse de Bélogorsk.»

Le général me regarda fixement, croyant sans doute que j'avais perdu la tête, et il ne se trompait pas beaucoup.

«Comment? comment? balayer la forteresse de Bélogorsk! dit-il enfin.

--Je vous réponds du succès, repris-je avec chaleur; laissez-moi seulement sortir.

--Non, jeune homme, dit-il en hochant la tête. Sur une si grande distance, l'ennemi vous couperait facilement toute communication avec le principal point stratégique, ce qui le mettrait en mesure de remporter sur vous une victoire complète et décisive. Une communication interceptée, voyez-vous...»

Je m'effrayai en le voyant entraîné dans des dissertations militaires, et je me hâtai de l'interrompre.

«La fille du capitaine Mironoff, lui dis-je, vient de m'écrire une lettre; elle demande du secours. Chvabrine la force à devenir sa femme.

--Vraiment! Oh! ce Chvabrine est un grand coquin. S'il me tombe sous la main, je le fais juger dans les vingt-quatre heures, et nous le fusillerons sur les glacis de la forteresse. Mais, en attendant, il faut prendre patience.

--Prendre patience! m'écriai-je hors de moi. Mais d'ici là il fera violence à Marie.

--Oh! répondit le général. Mais cependant ce ne serait pas un grand malheur pour elle. Il lui conviendrait mieux d'être la femme de Chvabrine, qui peut maintenant la protéger. Et quand nous l'aurons fusillé, alors, avec l'aide de Dieu, les fiancés se trouveront. Les jolies petites veuves ne restent pas longtemps filles; je veux dire qu'une veuve trouve plus facilement un mari.

--J'aimerais mieux mourir, dis-je avec fureur, que de la céder à Chvabrine.

--Ah bah! dit le vieillard, je comprends à présent; tu es probablement amoureux de Marie Ivanovna. Alors c'est une autre affaire. Pauvre garçon! Mais cependant il ne m'est pas possible de te donner un bataillon et cinquante Cosaques. Cette expédition est déraisonnable, et je ne puis la prendre sous ma responsabilité.»

Je baissai la tête; le désespoir m'accablait. Tout à coup une idée me traversa l'esprit, et ce qu'elle fut, le lecteur le verra dans le chapitre suivant, comme disaient les vieux romanciers.

## LE CAMP DES REBELLES

Je quittai le général et m'empressai de retourner chez moi. Savéliitch me reçut avec ses remontrances ordinaires.

«Quel plaisir trouves-tu, seigneur, à batailler contre ces brigands ivres? Est-ce l'affaire d'un boyard? Les heures ne sont pas toujours bonnes, et tu te feras tuer pour rien. Encore, si tu faisais la guerre aux Turcs ou aux Suédois! Mais c'est une honte de dire à qui tu la fais.»

J'interrompis son discours:

«Combien ai-je en tout d'argent?

--Tu en as encore assez, me répondit-il d'un air satisfait. Les coquins ont eu beau fouiller partout, j'ai pu le leur souffler.»

En disant cela, il tira de sa poche une longue bourse tricotée, toute remplie de pièces de monnaie d'argent.

«Bien, Savéliitch, lui dis-je; donne-moi la moitié de ce que tu as là, et garde pour toi le reste. Je pars pour la forteresse de Bélogorsk.

--Ô mon père Piôtr Andréitch, dit mon bon menin d'une voix tremblante, est-ce que tu ne crains pas Dieu? Comment veux-tu te mettre en route maintenant que tous les passages sont coupés par les voleurs? Prends du moins pitié de tes parents, si tu n'as pas pitié de toi-même. Où veux-tu aller? Pourquoi? Attends un peu. Les troupes viendront et prendront tous les brigands. Alors tu pourras aller des quatre côtés.»

Mais ma résolution était inébranlable.

«Il est trop tard pour réfléchir, dis-je au vieillard, je dois partir, je ne puis pas ne pas partir. Ne te chagrine pas, Savéliitch, Dieu est plein de miséricorde; nous nous reverrons peut-être. Je te recommande bien de n'avoir aucune honte de dépenser mon argent, ne fais pas l'avare; achète tout ce qui t'est nécessaire, même en payant les choses trois fois leur valeur. Je te fais cadeau de cet argent, si je ne reviens pas dans trois jours...

--Que dis-tu là, seigneur? interrompit Savéliitch; que je te laisse aller seul! mais ne pense pas même à m'en prier. Si tu as résolu de partir, j'irai avec toi, fût-ce à pied, mais je ne t'abandonnerai pas. Que je reste sans toi blotti derrière une muraille de pierre! mais j'aurais donc perdu l'esprit. Fais ce que tu voudras, seigneur; mais je ne te quitte pas.»

Je savais bien qu'il n'y avait pas à disputer contre Savéliitch, et je lui permis de se préparer pour le départ. Au bout d'une demi-heure, j'étais en selle sur mon cheval, et Savéliitch sur une rosse maigre et boiteuse, qu'un habitant de la ville lui avait donnée pour rien, n'ayant plus de quoi la nourrir. Nous gagnâmes les portes de la ville; les sentinelles nous laissèrent passer, et nous sortîmes enfin d'Orenbourg.

Il commençait à faire nuit. La route que j'avais à suivre passait devant la bourgade de Berd, repaire de Pougatcheff. Cette route était encombrée et cachée par la neige; mais à travers la steppe se voyaient des traces de chevaux chaque jour renouvelées. J'allais au grand trot. Savéliitch avait peine à me suivre, et me criait à chaque instant:

«Pas si vite, seigneur; au nom du ciel! pas si vite. Ma maudite rosse ne peut pas attraper ton diable à longues jambes. Pourquoi te hâtes-tu de la sorte? Est-ce que nous allons à un festin? Nous sommes plutôt sous la hache, Piôtr Andréitch! Ô Seigneur Dieu! cet enfant de boyard périra pour rien.»

Bientôt nous vîmes étinceler les feux de Berd. Nous approchâmes des profonds ravins qui servaient de fortifications naturelles à la bourgade. Savéliitch, sans rester pourtant en arrière, n'interrompait pas ses supplications lamentables. J'espérais passer heureusement devant la place ennemie, lorsque j'aperçus tout à coup dans l'obscurité cinq paysans armés de gros bâtons. C'était une garde avancée du camp de Pougatcheff. On nous cria: «Qui vive?» Ne sachant pas le mot d'ordre, je voulais passer devant eux sans répondre; mais ils m'entourèrent à l'instant même, et l'un d'eux saisit mon cheval par la bride. Je tirai mon sabre, et frappai le paysan sur la tête. Son bonnet lui sauva la vie; cependant il chancela et lâcha la bride. Les autres s'effrayèrent et se jetèrent de côté. Profitant de leur frayeur, je piquai des deux et partis au galop. L'obscurité de la nuit, qui s'assombrissait, aurait pu me sauver de tout encombre, lorsque, regardant en arrière, je vis que Savéliitch n'était plus avec moi. Le pauvre vieillard, avec son cheval boiteux, n'avait pu se débarrasser des brigands. Qu'avais-je à faire? Après avoir attendu quelques instants, et certain qu'on l'avait arrêté, je tournai mon cheval pour aller à son secours.

En approchant du ravin, j'entendis de loin des cris confus et la voix de mon Savéliitch. Hâtant le pas, je me trouvai bientôt à la portée des paysans de la garde avancée qui m'avait arrêté quelques minutes auparavant. Savéliitch était au milieu d'eux. Ils avaient fait descendre le pauvre vieillard de sa rosse, et se préparaient à le garrotter. Ma vue les remplit de joie. Ils se jetèrent sur moi avec de grands cris, et dans un instant je fus à bas de mon cheval. L'un d'eux, leur chef, à ce qu'il paraît, me déclara qu'ils allaient nous conduire devant le tsar. «Et notre père, ajouta-t-il, ordonnera s'il faut vous pendre à l'heure même, ou si l'on doit attendre la lumière de Dieu.» Je ne fis aucune résistance. Savéliitch imita mon exemple, et les sentinelles nous emmenèrent en triomphe.

Nous traversâmes le ravin pour entrer dans la bourgade. Toutes les maisons de paysans étaient éclairées. On entendait partout des cris et du tapage. Je rencontrai une foule de gens dans la rue, mais personne ne fit attention à nous et ne reconnut en moi un officier d'Orenbourg. On nous conduisit à une *isba* qui faisait l'angle de deux rues. Près de la porte se trouvaient quelques tonneaux de vin et deux pièces de canon. «Voilà le palais, dit l'un des paysans; nous allons vous annoncer.» Il entra dans l'*isba*. Je jetai un coup d'oeil sur Savéliitch; le vieillard faisait des signes de croix en marmottant ses prières. Nous attendîmes longtemps. Enfin le paysan reparut et me dit: «Viens, notre père a ordonné de faire entrer l'officier».

J'entrai dans l'*isba*, ou dans le palais, comme l'appelait le paysan. Elle était éclairée par deux chandelles en suif, et les murs étaient tendus de papier d'or. Du reste, tous les meubles, les bancs, la table, le petit pot à laver les mains suspendu à une corde, l'essuie-main accroché à un clou, la fourche à enfourner dressée dans un coin, le rayon en bois chargé de pots en terre, tout était comme dans une autre *isba*. Pougatcheff se tenait assis sous les saintes images, en cafetan rouge et en haut bonnet, la main sur la hanche. Autour de lui étaient rangés plusieurs de ses principaux chefs avec une expression forcée de soumission et de respect. On voyait bien que la nouvelle de l'arrivée d'un officier d'Orenbourg avait éveillé une grande curiosité chez les rebelles, et qu'ils s'étaient préparés à me recevoir avec pompe. Pougatcheff me reconnut au premier coup d'oeil. Sa feinte gravité disparut tout à coup.

«Ah! c'est Votre Seigneurie! me dit-il avec vivacité. Comment te portes-tu? pourquoi Dieu t'amène-t-il ici?»

Je répondis que je m'étais mis en voyage pour mes propres affaires, et que ses gens m'avaient arrêté.

«Et pour quelles affaires?» demanda-t-il.

Je ne savais que répondre. Pougatcheff, s'imaginant que je ne voulais pas m'expliquer devant témoins, fit signe à ses camarades de sortir. Tous obéirent, à l'exception de deux qui ne bougèrent pas de leur place. «Parle hardiment devant eux, dit Pougatcheff, ne leur cache rien.»

Je jetai un regard de travers sur ces deux confidents de l'usurpateur. L'un d'eux, petit vieillard chétif et courbé, avec une maigre barbe grise, n'avait rien de remarquable qu'un large ruban bleu passé en sautoir sur son cafetan de gros drap gris. Mais je n'oublierai jamais son compagnon. Il était de haute taille, de puissante carrure, et semblait avoir quarante-cinq ans. Une épaisse barbe rousse, des yeux gris et perçants, un nez sans narines et des marques de fer rouge sur le front et sur les joues donnaient à son large visage couturé de petite vérole une étrange et indéfinissable expression. Il avait une chemise rouge, une robe kirghise et de larges pantalons cosaques. Le premier, comme je le sus plus tard, était le caporal déserteur Béloborodoff. L'autre, Athanase Sokoloff, surnommé Khlopoucha [56], était un criminel condamné aux mines de Sibérie, d'où il s'était évadé trois fois. Malgré les sentiments qui m'agitaient alors sans partage, cette société où j'étais jeté d'une manière si inattendue fit sur moi une profonde impression. Mais Pougatcheff me rappela bien vite à moi-même par ses questions.

«Parle; pour quelles affaires as-tu quitté Orenbourg?»

Une idée singulière me vint à l'esprit. Il me sembla que la Providence, en m'amenant une seconde fois devant Pougatcheff, me donnait par là l'occasion d'exécuter mon projet. Je me décidai à la saisir, et sans réfléchir longtemps au parti que je prenais, je répondis à Pougatcheff:

«J'allais à la forteresse de Bélogorsk pour y délivrer une orpheline qu'on opprime.»

Les yeux de Pougatcheff s'allumèrent.

«Qui de mes gens oserait offenser une orpheline? s'écria-t-il. Eût-il un front de sept pieds, il n'échapperait point à ma sentence. Parle, quel est le coupable?

--Chvabrine, répondis-je; il tient en esclavage la même jeune fille que tu as vue chez la femme du prêtre, et il veut la contraindre à devenir sa femme.

--Je vais lui donner une leçon, à Chvabrine, s'écria Pougatcheff d'un air farouche. Il apprendra ce que c'est que de faire chez moi à sa tête et d'opprimer mon peuple. Je le ferai pendre.

--Ordonne-moi de dire un mot, interrompit Khlopoucha d'une voix enrouée. Tu t'es trop hâté de donner à Chvabrine le commandement de la forteresse, et maintenant tu te hâtes trop de le pendre. Tu as déjà offensé les Cosaques en leur imposant un gentilhomme pour chef; ne va donc pas offenser à présent les gentilshommes en les suppliciant à la première accusation.

--Il n'y a ni à les combler de grâces ni à les prendre en pitié, dit à son tour le petit vieillard au ruban bleu; il n'y a pas de mal de faire pendre Chvabrine; mais il n'y aurait pas de mal de bien questionner M. l'officier. Pourquoi a-t-il daigné nous rendre visite? S'il ne te reconnaît pas pour tsar, il n'a pas à te demander justice; et s'il te reconnaît, pourquoi est-il resté jusqu'à présent à Orenbourg au milieu de tes ennemis? N'ordonnerais-tu pas de le faire conduire au greffe, et d'y allumer un peu de feu [57]? Il me semble que Sa Grâce nous est envoyée par les généraux d'Orenbourg.»

La logique du vieux scélérat me sembla plausible à moi-même. Un frisson involontaire me parcourut tout le corps quand je me rappelai en quelles mains je me trouvais. Pougatcheff aperçut mon trouble.

«Eh! eh! Votre Seigneurie, dit-il en clignant de l'oeil, il me semble que mon feld-maréchal a raison. Qu'en penses-tu?»

Le persiflage de Pougatcheff me rendit ma résolution. Je lui répondis avec calme que j'étais en sa puissance, et qu'il pouvait faire de moi ce qu'il voulait.

«Bien, dit Pougatcheff; dis-moi maintenant dans quel état est votre ville.

--Grâce à Dieu, répondis-je, tout y est en bon ordre.

--En bon ordre! répéta Pougatcheff, et le peuple y meurt de faim.»

L'usurpateur disait la vérité; mais d'après le devoir que m'imposait mon serment, je l'assurai que c'était un faux bruit, et que la place d'Orenbourg était suffisamment approvisionnée.

«Tu vois, s'écria le petit vieillard, qu'il te trompe avec impudence. Tous les fuyards déclarent unanimement que la famine et la peste sont à Orenbourg, qu'on y mange de la charogne, et encore comme un mets d'honneur. Et Sa Grâce nous assure que tout est en abondance. Si tu veux pendre Chvabrine, fais pendre au même gibet ce jeune garçon, pour qu'ils n'aient rien à se reprocher.»

Les paroles du maudit vieillard semblaient avoir ébranlé Pougatcheff. Par bonheur Khlopoucha se mit à contredire son camarade.

«Tais-toi, Naoumitch, lui dit-il, tu ne penses qu'à pendre et à étrangler. Il te va bien de faire le héros. À te voir, on ne sait où ton âme se tient; tu regardes déjà dans la fosse, et tu veux faire mourir les autres. Est-ce que tu n'as pas assez de sang sur la conscience?

--Mais quel saint es-tu toi-même? repartit Béloborodoff; d'où te vient cette pitié?

--Sans doute, répondit Khlopoucha, moi aussi je suis un pécheur, et cette main... (il ferma son poing osseux, et, retroussant sa manche, il montra son bras velu), et cette main est coupable d'avoir versé du sang chrétien. Mais j'ai tué mon ennemi, et non pas mon hôte, sur le grand chemin libre et dans le bois obscur, mais non à la maison et derrière le poêle, avec la hache et la massue, et non pas avec des commérages de vieille femme.»

Le vieillard détourna la tête, et grommela entre ses dents: «Narines arrachées!

--Que murmures-tu là, vieux hibou? reprit Khlopoucha; je t'en donnerai, des narines arrachées; attends un peu, ton temps viendra aussi. J'espère en Dieu que tu flaireras aussi les pincettes un jour, et jusque-là prends garde que je ne t'arrache ta vilaine barbiche.

--Messieurs les généraux, dit Pougatcheff avec dignité, finissez vos querelles. Ce ne serait pas un grand malheur si tous les chiens galeux d'Orenbourg frétillaient des jambes sous la même traverse; mais ce serait un malheur si nos bons chiens à nous se mordaient entre eux.»

Khlopoucha et Béloborodoff ne dirent mot, et échangèrent un sombre regard. Je sentis la nécessité de changer le sujet de l'entretien, qui pouvait se terminer pour moi d'une fort désagréable façon. Me tournant vers Pougatcheff, je lui dis d'un air souriant: «Ah! j'avais oublié de te remercier pour ton cheval et ton *touloup*. Sans toi je ne serais pas arrivé jusqu'à la ville, car je serais mort de froid pendant le trajet.»

Ma ruse réussit. Pougatcheff se mit de bonne humeur. «La beauté de la dette, c'est le payement, me dit-il avec son habituel clignement d'oeil. Conte-moi maintenant l'histoire; qu'as-tu à faire avec cette jeune fille que Chvabrine persécute? n'aurait-elle pas accroché ton jeune coeur, eh?

--Elle est ma fiancée, répondis-je à Pougatcheff en m'apercevant du changement favorable qui s'opérait en lui, et ne voyant aucun risque à lui dire la vérité.

--Ta fiancée! s'écria Pougatcheff; pourquoi ne l'as-tu pas dit plus tôt? Nous te marierons, et nous nous en donnerons à tes noces.»

Puis, se tournant vers Béloborodoff: «Écoute, feld-maréchal, lui dit-il; nous sommes d'anciens amis, Sa Seigneurie et moi, mettons-nous à souper. Demain nous verrons ce qu'il faut faire de lui; le matin est plus sage que le soir.»

J'aurais refusé de bon coeur l'honneur qui m'était proposé; mais je ne pouvais m'en défendre. Deux jeunes filles cosaques, enfants du maître de l'*isba*, couvrirent la table d'une nappe blanche, apportèrent du pain, de la soupe au poisson et des brocs de vin et de bière. Je me trouvais ainsi pour la seconde fois à la table de Pougatcheff et de ses terribles compagnons.

L'orgie dont je devins le témoin involontaire continua jusque bien avant dans la nuit. Enfin l'ivresse finit par triompher des convives. Pougatcheff s'endormit sur sa place, et ses compagnons se levèrent en me faisant signe de le laisser. Je sortis avec eux. Sur l'ordre de Khlopoucha, la sentinelle me conduisit au greffe, où je trouvai Savéliitch, et l'on me laissa seul avec lui sous clef. Mon menin était si étonné de tout ce qu'il voyait et de tout ce qui se passait autour de lui, qu'il ne me fit pas la moindre question. Il se coucha dans l'obscurité, et je l'entendis longtemps gémir et se plaindre. Enfin il se mit à ronfler, et moi, je m'abandonnai à des réflexions qui ne me laissèrent pas fermer l'oeil un instant de la nuit.

Le lendemain matin on vint m'appeler de la part de Pougatcheff. Je me rendis chez lui. Devant sa porte se tenait une *kibitka* attelée de trois chevaux tatars. La foule encombrait la rue. Pougatcheff, que je rencontrai dans l'antichambre, était vêtu d'un habit de voyage, d'une pelisse et d'un bonnet kirghises. Ses convives de la veille l'entouraient, et avaient pris un air de soumission qui contrastait fort avec ce que j'avais vu le soir précédent.

Pougatcheff me dit gaiement bonjour, et m'ordonna de m'asseoir à ses côtés dans la *kibitka*.

Nous prîmes place.

«À la forteresse de Bélogorsk!» dit Pougatcheff au robuste cocher tatar qui, debout, dirigeait l'attelage.

Mon coeur battit violemment. Les chevaux s'élancèrent, la clochette tinta, la *kibitka* vola sur la neige.

«Arrête! arrête!» s'écria une voix que je ne connaissais que trop; et je vis Savéliitch qui courait à notre rencontre. Pougatcheff fit arrêter.

«Ô mon père Piôtr Andréitch, criait mon menin, ne m'abandonne pas dans mes vieilles années au milieu de ces scél...

--Ah! vieux hibou, dit Pougatcheff, Dieu nous fait encore rencontrer. Voyons, assieds-toi sur le devant.

--Merci, tsar, merci, mon propre père, répondit Savéliitch en prenant place; que Dieu te donne cent années de vie pour avoir rassuré un pauvre vieillard! Je prierai Dieu toute ma vie pour toi, et je ne parlerai jamais du *touloup* de lièvre.»

Ce *touloup* de lièvre pouvait à la fin fâcher sérieusement Pougatcheff. Mais l'usurpateur n'entendit pas ou affecta de ne pas entendre cette mention déplacée. Les chevaux se remirent au galop. Le peuple s'arrêtait dans la rue, et chacun nous saluait en se courbant jusqu'à la ceinture. Pougatcheff distribuait des signes de tête à droite et à gauche. En un instant nous sortîmes de la bourgade et prîmes notre course sur un chemin bien frayé.

On peut aisément se figurer ce que je ressentais. Dans quelques heures je devais revoir celle que j'avais crue perdue à jamais pour moi. Je me représentais le moment de notre réunion; mais aussi je pensais à l'homme dans les mains duquel se trouvait ma destinée, et qu'un étrange concours de circonstances attachait à moi par un lien mystérieux. Je me rappelais la cruauté brusque, et les habitudes sanguinaires de celui qui se portait le défenseur de ma fiancée. Pougatcheff ne savait pas qu'elle fût la fille du capitaine Mironoff; Chvabrine, poussé à bout, était capable de tout lui révéler, et Pougatcheff pouvait apprendre la vérité par d'autres voies. Alors, que devenait Marie? À cette idée un frisson subit parcourait mon corps, et mes cheveux se dressaient sur ma tête.

Tout à coup Pougatcheff interrompit mes rêveries: «À quoi, Votre Seigneurie, dit-il, daignes-tu penser?

--Comment veux-tu que je ne pense pas? répondis-je; je suis un officier, un gentilhomme; hier encore je te faisais la guerre, et maintenant je voyage avec toi, dans la même voiture, et tout le bonheur de ma vie dépend de toi.

--Quoi donc! dit Pougatcheff, as-tu peur?»

Je répondis qu'ayant déjà reçu de lui grâce de la vie, j'espérais, non seulement en sa bienveillance, mais encore en son aide.

«Et tu as raison, devant Dieu tu as raison, reprit l'usurpateur. Tu as vu que mes gaillards te regardaient de travers; encore aujourd'hui, le petit vieux voulait me prouver à toute force que tu es un espion et qu'il fallait te mettre à la torture, puis te pendre. Mais je n'y ai pas consenti, ajouta-t-il en baissant la voix de peur que Savéliitch et le Tatar ne l'entendissent, parce que je me suis souvenu de ton verre de vin et de ton *touloup*. Tu vois bien que je ne suis pas un buveur de sang, comme le prétend ta confrérie.»

Me rappelant la prise de la forteresse de Bélogorsk je ne crus pas devoir le contredire, et ne répondis mot.

«Que dit-on de moi à Orenbourg? demanda Pougatcheff après un court silence.

--Mais on dit que tu n'es pas facile à mater. Il faut en convenir, tu nous as donné de la besogne.»

Le visage de l'usurpateur exprima la satisfaction de l'amour-propre. «Oui, me dit-il d'un air glorieux, je suis un grand guerrier. Connaît-on chez vous, à Orenbourg, la bataille de Iouzeïeff [58]? Quarante généraux ont été tués, quatre armées faites prisonnières. Crois-tu que le roi de Prusse soit de ma force?»

La fanfaronnade du brigand me sembla passablement drôle. «Qu'en penses-tu toi-même? lui dis-je; pourrais-tu battre Frédéric?

--Fédor Fédorovitch [59]? et pourquoi pas? Je bats bien vos généraux, et vos généraux l'ont battu. Jusqu'à présent mes armes ont été heureuses. Attends, attends, tu en verras bien d'autres quand je marcherai sur Moscou.

--Et tu comptes marcher sur Moscou?»

L'usurpateur se mit à réfléchir; puis il dit à demi-voix: «Dieu sait,... ma rue est étroite,... j'ai peu de volonté,... mes garçons ne m'obéissent pas,... ce sont des pillards,... il me faut dresser l'oreille... Au premier revers ils sauveront leurs cous avec ma tête.

--Eh bien, dis-je à Pougatcheff, ne vaudrait-il pas mieux les abandonner toi-même avant qu'il ne soit trop tard, et avoir recours à la clémence de l'impératrice?»

Pougatcheff sourit amèrement: «Non, dit-il, le temps du repentir est passé; on ne me fera pas grâce; je continuerai comme j'ai commencé. Qui sait?... Peut-être!... Grichka Otrépieff a bien été tsar à Moscou.

--Mais sais-tu comment il a fini? On l'a jeté par une fenêtre, on l'a massacré, on l'a brûlé, on a chargé un canon de sa cendre et on l'a dispersée à tous les vents.»

Le Tatar se mit à fredonner une chanson plaintive; Savéliitch, tout endormi, vacillait de côté et d'autre. Notre *kibitka* glissait rapidement sur le chemin d'hiver... Tout à coup j'aperçus un petit village bien connu de mes yeux, avec une palissade et un clocher sur la rive escarpée du Iaïk. Un quart d'heure après, nous entrions dans la forteresse de Bélogorsk.

# L'ORPHELINE

La *kibitka* s'arrêta devant le perron de la maison du commandant. Les habitants avaient reconnu la clochette de Pougatcheff et étaient accourus en foule. Chvabrine vint à la rencontre de l'usurpateur; il était vêtu en Cosaque et avait laissé croître sa barbe. Le traître aida Pougatcheff à sortir de voiture, en exprimant par des paroles obséquieuses son zèle et sa joie. À ma vue il se troubla; mais se remettant bientôt: «Tu es avec nous? dit-il; ce devrait être depuis longtemps».

Je détournai la tête sans lui répondre.

Mon coeur se serra quand nous entrâmes dans la petite chambre que je connaissais si bien, où se voyait encore, contre le mur, le diplôme du défunt commandant, comme une triste épitaphe. Pougatcheff s'assit sur ce même sofa où maintes fois Ivan Kouzmitch s'était assoupi au bruit des gronderies de sa femme. Chvabrine apporta lui-même de l'eau-de-vie à son chef. Pougatcheff en but un verre, et lui dit en me désignant: «Offres-en un autre à Sa Seigneurie».

Chvabrine s'approcha de moi avec son plateau; je me détournai pour la seconde fois. Il me semblait hors de lui-même. Avec sa finesse ordinaire, il avait deviné sans doute que Pougatcheff n'était pas content de lui. Il le regardait avec frayeur et moi avec méfiance. Pougatcheff lui fit quelques questions sur l'état de la forteresse, sur ce qu'on disait des troupes de l'impératrice et sur d'autres sujets pareils. Puis, tout à coup, et d'une manière inattendue:

«Dis-moi, mon frère, demanda-t-il, quelle est cette jeune fille que tu tiens sous ta garde? Montre-la-moi.»

Chvabrine devint pâle comme la mort. «Tsar, dit-il d'une voix tremblante, tsar,... elle n'est pas sous ma garde, elle est au lit dans sa chambre.

--Mène-moi chez elle», dit l'usurpateur en se levant.

Il était impossible d'hésiter. Chvabrine conduisit Pougatcheff dans la chambre de Marie Ivanovna. Je les suivis.

Chvabrine s'arrêta dans l'escalier: «Tsar, dit-il, vous pouvez exiger de moi ce qu'il vous plaira; mais ne permettez pas qu'un étranger entre dans la chambre de ma femme.

--Tu es marié! m'écriai-je, prêt à le déchirer.

--Silence! interrompit Pougatcheff, c'est mon affaire. Et toi, continua-t-il en se tournant vers Chvabrine, ne fais pas l'important. Qu'elle soit ta femme ou non, j'amène qui je veux chez elle. Votre Seigneurie, suis-moi.»

À la porte de la chambre Chvabrine s'arrêta de nouveau et dit d'une voix entrecoupée: «Tsar, je vous préviens qu'elle a la fièvre, et depuis trois jours elle ne cesse de délirer.

--Ouvre!» dit Pougatcheff.

Chvabrine se mit à fouiller dans ses poches et finit par dire qu'il avait oublié la clef. Pougatcheff poussa la porte du pied; la serrure céda, la porte s'ouvrit et nous entrâmes.

Je jetai un rapide coup d'oeil dans la chambre et faillis m'évanouir. Sur le plancher et dans un grossier vêtement de paysanne, Marie était assise, pâle, maigre, les cheveux épars. Devant elle se trouvait une cruche d'eau recouverte d'un morceau de pain. À ma vue elle frémit et poussa un cri perçant. Je ne saurais dire ce que j'éprouvai.

Pougatcheff regarda Chvabrine de travers, et lui dit avec un amer sourire: «Ton hôpital est en ordre!»

Puis, s'approchant de Marie: «Dis-moi, ma petite colombe, pourquoi ton mari te punit-il ainsi?

--Mon mari! reprit-elle; il n'est pas mon mari; jamais je ne serai sa femme. Je suis résolue à mourir plutôt, et je mourrai si l'on ne me délivre pas.»

Pougatcheff lança un regard furieux sur Chvabrine: «Tu as osé me tromper, s'écria-t-il; sais-tu, coquin, ce que tu mérites?»

Chvabrine tomba à genoux.

Alors le mépris étouffa en moi tout sentiment de haine et de vengeance. Je regardai avec dégoût un gentilhomme se traîner aux pieds d'un déserteur cosaque. Pougatcheff se laissa fléchir.

«Je te pardonne pour cette fois, dit-il à Chvabrine; mais sache bien qu'à ta première faute je me rappellerai celle-là.»

Puis, s'adressant à Marie, il lui dit avec douceur: «Sors, jolie fille, je suis le tsar».

**«JE TE DONNE LA LIBERTE, JE SUIS LE TSAR.»**

Marie Ivanovna lui jeta un coup d'oeil rapide, et devina que c'était l'assassin de ses parents qu'elle avait devant les yeux. Elle se cacha le visage des deux mains, et tomba sans connaissance. Je me précipitais pour la secourir, lorsque ma vieille connaissance Palachka entra fort hardiment dans la chambre et s'empressa autour de sa maîtresse. Pougatcheff sortit, et nous descendîmes tous trois dans la pièce de réception.

«Eh! Votre Seigneurie, me dit Pougatcheff en riant, nous avons délivré la jolie fille; qu'en dis-tu? ne faudrait-il pas envoyer chercher le pope, et lui faire marier sa nièce. Si tu veux, je serai ton *père assis*, Chvabrine le garçon de noce, puis nous nous mettrons à boire, et nous fermerons les portes...»

Ce que je redoutais arriva. Dès qu'il entendit la proposition de Pougatcheff, Chvabrine perdit la tête.

«Tsar, dit-il en fureur, je suis coupable, je vous ai menti; mais Grineff aussi vous trompe. Cette jeune fille n'est pas la nièce du pope: elle est la fille d'Ivan Mironoff, qui a été supplicié à la prise de cette forteresse.»

Pougatcheff darda sur moi ses yeux flamboyants.

«Qu'est-ce que cela veut dire? s'écria-t-il avec la surprise de l'indignation.

--Chvabrine t'a dit vrai, répondis-je avec fermeté.

--Tu ne m'avais pas dit cela! reprit Pougatcheff dont le visage s'assombrit tout à coup.

--Mais sois-en le juge, lui répondis-je; pouvais-je déclarer devant tes gens qu'elle était la fille de Mironoff? Ils l'eussent déchirée à belles dents; rien n'aurait pu la sauver.

--Tu as pourtant raison, dit Pougatcheff, mes ivrognes n'auraient pas épargné cette pauvre fille; ma commère la femme du pope a bien fait de les tromper.

--Écoute, continuai-je en voyant sa bonne disposition; je ne sais comment t'appeler, et ne veux pas le savoir. Mais Dieu voit que je serais prêt à te payer de ma vie ce que tu as fait pour moi. Seulement, ne me demande rien qui soit contraire à mon honneur et à ma conscience de chrétien. Tu es mon bienfaiteur; finis comme tu as commencé. Laisse-moi aller avec la pauvre orpheline là où Dieu nous amènera. Et nous, quoi qu'il t'arrive, et où que tu sois, nous prierons Dieu chaque jour pour qu'il veille au salut de ton âme...»

Je parus avoir touché le coeur farouche de Pougatcheff.

«Qu'il soit fait comme tu le désires, dit-il; il faut punir jusqu'au bout, ou pardonner jusqu'au bout; c'est là ma coutume. Prends ta fiancée, emmène-la où tu veux, et que Dieu vous donne bonheur et raison.»

Il se tourna vers Chvabrine, et lui commanda de m'écrire un sauf-conduit pour toutes les barrières et forteresses soumises à son pouvoir. Chvabrine se tenait immobile et comme pétrifié. Pougatcheff alla faire l'inspection de la forteresse; Chvabrine le suivit, et moi je restai, prétextant les préparatifs de voyage.

Je courus à la chambre de Marie; la porte était fermée. Je frappai:

«Qui est là?» demanda Palachka.

Je me nommai. La douce voix de Marie se fit entendre derrière la porte.

«Attendez, Piôtr Andréitch, dit-elle, je change d'habillement. Allez chez Akoulina Pamphilovna; je m'y rends à l'instant même.»

J'obéis et gagnai la maison du père Garasim. Le pope et sa femme accoururent à ma rencontre. Savéliitch les avait déjà prévenus de tout ce qui s'était passé.

«Bonjour, Piôtr Andréitch, me dit la femme du pope. Voilà que Dieu a fait de telle sorte que nous nous revoyons encore. Comment allez-vous? Nous avons parlé de vous chaque jour. Et Marie Ivanovna, que n'a-t-elle pas souffert sans vous, ma petite colombe! Mais dites-moi, mon père, comment vous en êtes-vous tiré avec Pougatcheff? Comment ne vous a-t-il pas tué? Eh bien! pour cela merci au scélérat!

--Finis, vieille, interrompit le père Garasim! ne radote pas sur tout ce que tu sais; à trop parler, point de salut. Entrez, Piôtr Andréitch, et soyez le bienvenu. Il y a longtemps que nous ne nous sommes vus.»

La femme du pope me fit honneur de tout ce qu'elle avait sous la main, sans cesser un instant de parler. Elle me raconta comment Chvabrine les avait contraints à lui livrer Marie Ivanovna; comment la pauvre fille pleurait et ne voulait pas se séparer d'eux; comment elle avait eu avec eux des relations continuelles par l'entremise de Palachka, fille adroite et résolue, qui faisait, comme on dit, danser l'*ouriadnik* lui-même au son de son flageolet; comment elle avait conseillé à Marie Ivanovna de m'écrire une lettre, etc. De mon côté, je lui racontai en peu de mots mon histoire. Le pope et sa femme firent des signes de croix quand ils entendirent que Pougatcheff savait qu'ils l'avaient trompé.

«Que la puissance de la croix soit avec nous! disait Akoulina Pamphilovna; que Dieu détourne ce nuage! Bien, Alexéi Ivanitch! bien, fin renard!»

En ce moment, la porte s'ouvrit, et Marie Ivanovna parut, avec un sourire sur son pâle visage. Elle avait quitté son vêtement de paysanne, et venait habillée comme de coutume, avec simplicité et bienséance.

Je saisis sa main, et ne pus pendant longtemps prononcer une seule parole. Nous gardions tous deux le silence par plénitude de coeur. Nos hôtes sentirent que nous avions autre chose à faire qu'à causer avec eux; ils nous quittèrent. Nous restâmes seuls. Marie ose raconta tout ce qui lui était arrivé depuis la prise de la forteresse, me dépeignit toute l'horreur de sa situation, tous les tourments que lui avait fait souffrir l'infâme Chvabrine. Nous rappelâmes notre heureux passé, en versant tous deux des larmes. Enfin je pus lui communiquer mes projets. Il lui était impossible de demeurer dans une forteresse soumise à Pougatcheff et commandée par Chvabrine. Je ne pouvais pas non plus penser à me réfugier avec elle dans Orenbourg, qui souffrait en ce moment toutes les calamités d'un siège. Marie n'avait plus un seul parent dans le monde. Je lui proposai donc de se rendre à la maison de campagne de mes parents. Elle fut toute surprise d'une telle proposition. La mauvaise disposition qu'avait montrée mon père à son égard lui faisait peur. Je la tranquillisai. Je savais que mon père tiendrait à devoir et à honneur de recevoir chez lui la fille d'un vétéran mort pour sa patrie.

«Chère Marie, lui dis-je enfin, je te regarde comme ma femme. Ces événements étranges nous ont réunis irrévocablement. Rien au monde ne saurait plus nous séparer.»

Marie Ivanovna m'écoutait dans un silence digne, sans feinte timidité, sans minauderies déplacées. Elle sentait, aussi bien que moi, que sa destinée était irrévocablement liée à la mienne; mais elle répéta qu'elle ne serait ma femme que de l'aveu de mes parents. Je ne trouvai rien à répliquer. Mon projet devint notre commune résolution.

Une heure après, l'*ouriadnik* m'apporta mon sauf-conduit avec le griffonnage qui servait de signature à Pougatcheff, et m'annonça que le tsar m'attendait chez lui. Je le trouvai prêt à se mettre en route. Comment exprimer ce que je ressentais en présence de cet homme, terrible et cruel pour tous excepté pour moi seul? Et pourquoi ne pas dire l'entière vérité? Je sentais en ce moment une forte sympathie m'entraîner vers lui. Je désirais vivement l'arracher à la horde de bandits dont il était le chef et sauver sa tête avant qu'il fût trop tard. La présence de Chvabrine et la foule qui s'empressait autour de nous m'empêchèrent de lui exprimer tous les sentiments dont mon coeur était plein.

Nous nous séparâmes en amis. Pougatcheff aperçut dans la foule Akoulina Pamphilovna, et la menaça amicalement du doigt en clignant de l'oeil d'une manière significative. Puis il s'assit dans sa *kibitka*, en donnant l'ordre de retourner à Berd, et lorsque les chevaux prirent leur élan, il se pencha hors de la voiture et me cria:

«Adieu, Votre Seigneurie; peut-être que nous nous reverrons encore.»

En effet, nous nous sommes revus une autre fois; mais dans quelles circonstances!

Pougatcheff partit. Je regardai longtemps la steppe sur laquelle glissait rapidement sa *kibitka*. La foule se dissipa, Chvabrine disparut. Je regagnai la maison du pope, où tout se préparait pour notre départ. Notre petit bagage avait été mis dans le vieil équipage du commandant. En un instant les chevaux furent attelés. Marie alla dire un dernier adieu au tombeau de ses parents, enterrés derrière l'église. Je voulais l'y conduire; mais elle me pria de la laisser aller seule, et revint bientôt après en versant des larmes silencieuses. Le père Garasim et sa femme sortirent sur le perron pour nous reconduire. Nous nous rangeâmes à trois dans l'intérieur de la *kibitka*, Marie, Palachka et moi, et Savéliitch se jucha de nouveau sur le devant.

«Adieu, Marie Ivanovna, notre chère colombe; adieu, Piôtr Andréitch, notre beau faucon, nous disait la bonne femme du pope; bon voyage, et que Dieu vous comble tous de bonheur!»

Nous partîmes. Derrière la fenêtre du commandant, j'aperçus Chvabrine qui se tenait debout, et dont la figure respirait une sombre haine. Je ne voulus pas triompher lâchement d'un ennemi humilié, et détournai les yeux.

Enfin, nous franchîmes la barrière principale, et quittâmes pour toujours la forteresse de Bélogorsk.

# L'ARRESTATION

Réuni d'une façon si merveilleuse à la jeune fille qui me causait le matin même tant d'inquiétude douloureuse, je ne pouvais croire à mon bonheur, et je m'imaginais que tout ce qui m'était arrivé n'était qu'un songe. Marie regardait d'un air pensif, tantôt moi, tantôt la route, et ne semblait pas, elle non plus, avoir repris tous ses sens. Nous gardions le silence; nos coeurs étaient trop fatigués d'émotions. Au bout de deux heures, nous étions déjà rendus dans la forteresse voisine, qui appartenait aussi à Pougatcheff. Nous y changeâmes de chevaux. À voir la célérité qu'on mettait à nous servir et le zèle empressé du Cosaque barbu dont Pougatcheff avait fait le commandant, je m'aperçus que grâce au babil du postillon qui nous avait amenés, on me prenait pour un favori du maître.

Quand nous nous remîmes en route, il commençait à faire sombre. Nous nous approchâmes d'une petite ville où, d'après le commandant barbu, devait se trouver un fort détachement qui était en marche pour se réunir à l'usurpateur. Les sentinelles nous arrêtèrent, et au cri de: «Qui vive?» notre postillon répondit à haute voix:

«Le compère du tsar, qui voyage avec sa bourgeoise.»

Aussitôt un détachement de hussards russes nous entoura avec d'affreux jurements.

«Sors, compère du diable, me dit un maréchal des logis aux épaisses moustaches. Nous allons te mener au bain, toi et ta bourgeoise.»

Je sortis de la *kibitka* et demandai qu'on me conduisît devant l'autorité. En voyant un officier, les soldats cessèrent leurs imprécations, et le maréchal des logis me conduisit chez le major. Savéliitch me suivait en grommelant:

«En voilà un, de compère du tsar! nous tombons du feu dans la flamme. Ô Seigneur Dieu, comment cela finira-t-il?»

La *kibitka* venait au pas derrière nous.

En cinq minutes, nous arrivâmes à une maisonnette très éclairée. Le maréchal des logis me laissa sous bonne garde, et entra pour annoncer sa capture. Il revint à l'instant même et me déclara que Sa Haute Seigneurie [60] n'avait pas le temps de me recevoir, qu'elle lui avait donné l'ordre de me conduire en prison et de lui amener ma bourgeoise.

«Qu'est-ce que cela veut dire? m'écriai-je furieux; est-il devenu fou?

--Je ne puis le savoir, Votre Seigneurie, répondit le maréchal des logis; seulement Sa Haute Seigneurie a ordonné de conduire Votre Seigneurie en prison, et d'amener Sa Seigneurie à Sa Haute Seigneurie, Votre Seigneurie.»

Je m'élançai sur le perron! les sentinelles n'eurent pas le temps de me retenir, et j'entrai tout droit dans la chambre où six officiers de hussards jouaient au pharaon. Le major tenait la banque. Quelle fut ma surprise, lorsqu'après l'avoir un moment envisagé je reconnus en lui cet Ivan Ivanovitch Zourine qui m'avait si bien dévalisé dans l'hôtellerie de Simbisrk!

«Est-ce possible! m'écriai-je; Ivan Ivanovitch, est-ce toi?

--Ah bah! Piôtr Andréitch! Par quel hasard? D'où viens-tu? Bonjour, frère; ne veux-tu pas ponter une carte?

--Merci; fais-moi plutôt donner un logement.

--Quel logement te faut-il? Reste chez moi.

--Je ne le puis, je ne suis pas seul.

--Eh bien, amène aussi ton camarade.

--Je ne suis pas avec un camarade; je suis... avec une dame.

--Avec une dame! où l'as-tu pêchée, frère?»

Après avoir dit ces mots, Zourine siffla d'un ton si railleur que tous les autres se mirent à rire, et je demeurai tout confus.

«Eh bien, continua Zourine, il n'y a rien à faire; je te donnerai un logement. Mais c'est dommage; nous aurions fait nos bamboches comme l'autre fois. Holà! garçon, pourquoi n'amène-t-on pas la commère de Pougatcheff? Est-ce qu'elle ferait l'obstinée? Dis-lui qu'elle n'a rien à craindre, que le monsieur qui l'appelle est très bon, qu'il ne l'offensera d'aucune manière, et en même temps pousse-la ferme par les épaules.

--Que fais-tu là? dis-je à Zourine; de quelle commère de Pougatcheff parles-tu? c'est la fille du défunt capitaine Mironoff. Je l'ai délivrée de sa captivité et je l'emmène maintenant à la maison de mon père, où je la laisserai.

--Comment! c'est donc toi qu'on est venu m'annoncer tout à l'heure? Au nom du ciel, qu'est-ce que cela veut dire?

--Je te raconterai tout cela plus tard. Mais à présent, je t'en supplie, rassure la pauvre fille, que les hussards ont horriblement effrayée.»

Zourine fit à l'instant toutes ses dispositions. Il sortit lui-même dans la rue pour s'excuser auprès de Marie du malentendu involontaire qu'il avait commis, et donna l'ordre au maréchal des logis de la conduire au meilleur logement de la ville. Je restai à coucher chez lui.

Nous soupâmes ensemble, et dès que je me trouvai seul avec Zourine, je lui racontai toutes mes aventures. Il m'écouta avec une grande attention, et quand j'eus fini, hochant de la tête:

«Tout cela est bien, frère, me dit-il; mais il y a une chose qui n'est pas bien. Pourquoi diable veux-tu te marier? En honnête officier, en bon camarade, je ne voudrais pas te tromper. Crois-moi, je t'en conjure: le mariage n'est qu'une folie. Est-ce bien à toi de t'embarrasser d'une femme et de bercer des marmots? Crache là-dessus. Écoute-moi, sépare-toi de la fille du capitaine. J'ai nettoyé et rendu sûre la route de Simbirsk; envoie-la demain à tes parents, et toi, reste dans mon détachement. Tu n'as que faire de retourner à Orenbourg. Si tu tombes derechef dans les mains des rebelles, il ne te sera pas facile de t'en dépêtrer encore une fois. De cette façon, ton amoureuse folie se guérira d'elle-même, et tout se passera pour le mieux.»

Quoique je ne fusse pas pleinement de son avis, cependant je sentais que le devoir et l'honneur exigeaient ma présence dans l'armée de l'impératrice; je me décidai donc à suivre en cela le conseil de Zourine, c'est-à-dire à envoyer Marie chez mes parents, et à rester dans sa troupe.

Savéliitch se présenta pour me déshabiller. Je lui annonçai qu'il eût à se tenir prêt à partir le lendemain avec Marie Ivanovna. Il commença par faire le récalcitrant.

«Que dis-tu là, seigneur? Comment veux-tu que je te laisse? qui te servira, et que diront tes parents?»

Connaissant l'obstination de mon menin, je résolus de le fléchir par ma sincérité et mes caresses.

«Mon ami Arkhip Savéliitch, lui dis-je, ne me refuse pas, sois mon bienfaiteur. Ici je n'ai nul besoin de domestique, et je ne serais pas tranquille si Marie Ivanovna se mettait en route sans toi. En la servant, tu me sers moi-même, car je suis fermement décidé à l'épouser dès que les circonstances me le permettront.»

Savéliitch croisa les mains avec un air de surprise et de stupéfaction inexprimable.

«Se marier! répétait-il, l'enfant veut se marier! Mais que dira ton père? et ta mère, que pensera-t-elle?

--Ils consentiront sans nul doute, répondis-je, dès qu'ils connaîtront Marie Ivanovna. Je compte sur toi-même. Mon père et ma mère ont en toi pleine confiance. Tu intercéderas pour nous, n'est-ce pas?»

Le vieillard fut touché.

«Ô mon père Piôtr Andréitch, me répondit-il, quoique tu veuilles te marier trop tôt, Marie Ivanovna est une si bonne demoiselle, que ce serait pécher que de laisser passer une occasion pareille. Je ferai ce que tu désires. Je la reconduirai, cet ange de Dieu, et je dirai en toute soumission à tes parents qu'une telle fiancée n'a pas besoin de dot.»

Je remerciai Savéliitch, et allai partager la chambre de Zourine. Dans mon agitation, je me remis à babiller. D'abord Zourine m'écouta volontiers; puis ses paroles devinrent plus rares et plus vagues, puis enfin il répondit à l'une de mes questions par un ronflement aigu, et j'imitai son exemple.

Le lendemain, quand je communiquai mes plans à Marie, elle en reconnut la justesse, et consentit à leur exécution. Comme le détachement de Zourine devait quitter la ville le même jour, et qu'il n'y avait plus d'hésitation possible, je me séparai de Marie après l'avoir confiée à Savéliitch, et lui avoir donné une lettre pour mes parents. Marie Ivanovna me dit adieu tout éplorée; je ne pus rien lui répondre, ne voulant pas m'abandonner aux sentiments de mon âme devant les gens qui m'entouraient. Je revins chez Zourine, silencieux et pensif, il voulut m'égayer, j'espérais me distraire; nous passâmes bruyamment la journée, et le lendemain nous nous mîmes en marche.

C'était vers la fin du mois de février. L'hiver, qui avait rendu les manoeuvres difficiles, touchait à son terme, et nos généraux s'apprêtaient à une campagne combinée. Pougatcheff avait rassemblé ses troupes et se trouvait encore sous Orenbourg. À l'approche de nos forces, les villages révoltés rentraient dans le devoir. Bientôt le prince Galitzine remporta une victoire complète sur Pougatcheff, qui s'était aventuré près de la forteresse de Talitcheff: le vainqueur débloqua Orenbourg, et il semblait avoir porté le coup de grâce à la rébellion. Sur ces entrefaites, Zourine avait été détaché contre des Bachkirs révoltés, qui se dispersèrent avant que nous eussions pu les apercevoir. Le printemps, qui fit déborder les rivières et coupa ainsi les routes, nous surprit dans un petit village tatar, où nous nous consolions de notre inaction par l'idée que cette petite guerre d'escarmouches avec des brigands allait bientôt se terminer.

Mais Pougatcheff n'avait pas été pris: il reparut bientôt dans les forges de la Sibérie [61]. Il rassembla de nouvelles bandes et recommença ses brigandages. Nous apprîmes bientôt la destruction des forteresses de Sibérie, puis la prise de Khasan, puis la marche audacieuse de l'usurpateur sur Moscou. Zourine reçut l'ordre de passer la Volga.

Je ne m'arrêterai pas au récit des événements de la guerre. Seulement je dirai que les calamités furent portées au comble. Les gentilshommes se cachaient dans les bois; l'autorité n'avait plus de force nulle part; les chefs des détachements isolés punissaient ou faisaient grâce sans rendre compte de leur conduite. Tout ce vaste et beau pays était mis à feu et à sang. Que Dieu ne nous fasse plus voir une révolte aussi insensée et aussi impitoyable!

Enfin Pougatcheff fut battu par Michelson et contraint à fuir de nouveau. Zourine reçut, bientôt après, la nouvelle de la prise du bandit et l'ordre de s'arrêter. La guerre était finie. Il m'était donc enfin possible de retourner chez mes parents. L'idée de les embrasser et de revoir Marie, dont je n'avais aucune nouvelle, me remplissait de joie. Je sautais comme un enfant. Zourine riait et me disait en haussant les épaules: «Attends, attends que tu sois marié; tu verras que tout ira au diable».

Et cependant, je dois en convenir, un sentiment étrange empoisonnait ma joie. Le souvenir de cet homme couvert du sang de tant de victimes innocentes et l'idée du supplice qui l'attendait ne me laissaient pas de repos. «Ieméla [62], Ieméla, me disais-je avec dépit, pourquoi ne t'es-tu pas jeté sur les baïonnettes ou offert aux coups de la mitraille? C'est ce que tu avais de mieux à faire [63].»

Cependant Zourine me donna un congé. Quelques jours plus tard, j'allais me trouver au milieu de ma famille, lorsqu'un coup de tonnerre imprévu vint me frapper.

Le jour de mon départ, au moment où j'allais me mettre en route, Zourine entra dans ma chambre, tenant un papier à la main et d'un air soucieux. Je sentis une piqûre au coeur; j'eus peur sans savoir de quoi. Le major fit sortir mon domestique et m'annonça qu'il avait à me parler.

«Qu'y a-t-il? demandai-je avec inquiétude.

--Un petit désagrément, répondit-il en me tendant son papier. Lis ce que je viens de recevoir.»

C'était un ordre secret adressé à tous les chefs de détachements d'avoir à m'arrêter partout où je me trouverais, et de m'envoyer sous bonne garde à Khasan devant la commission d'enquête créée pour instruire contre Pougatcheff et ses complices. Le papier me tomba des mains.

«Allons, dit Zourine, mon devoir est d'exécuter l'ordre. Probablement que le bruit de tes voyages faits dans l'intimité de Pougatcheff est parvenu jusqu'à l'autorité. J'espère bien que l'affaire n'aura pas de mauvaises suites, et que tu te justifieras devant la commission. Ne te laisse point abattre et pars à l'instant.»

Ma conscience était tranquille; mais l'idée que notre réunion était reculée pour quelques mois encore me serrait le coeur. Après avoir reçu les adieux affectueux de Zourine, je montai dans ma *téléga* [64], deux hussards s'assirent à mes côtés, le sabre nu, et nous prîmes la route de Khasan.

# LE JUGEMENT

Je ne doutais pas que la cause de mon arrestation ne fût mon éloignement sans permission d'Orenbourg. Je pouvais donc aisément me disculper, car, non seulement on ne nous avait pas défendu de faire des sorties contre l'ennemi, mais on nous y encourageait. Cependant mes relations amicales avec Pougatcheff semblaient être prouvées par une foule de témoins et devaient paraître au moins suspectes. Pendant tout le trajet je pensais aux interrogatoires que j'allais subir et arrangeais mentalement mes réponses. Je me décidai à déclarer devant les juges la vérité toute pure et tout entière, bien convaincu que c'était à la fois le moyen le plus simple et le plus sûr de me justifier.

J'arrivai à Khasan, malheureuse ville que je trouvai dévastée et presque réduite en cendres. Le long des rues, à la place des maisons, se voyaient des amas de matières calcinées et des murailles sans fenêtres ni toitures. Voilà la trace que Pougatcheff y avait laissée. On m'amena à la forteresse, qui était restée intacte, et les hussards mes gardiens me remirent entre les mains de l'officier de garde. Celui-ci fit appeler un maréchal ferrant qui me mit les fers aux pieds en les rivant à froid. De là, on me conduisit dans le bâtiment de la prison, où je restai seul dans un étroit et sombre cachot qui n'avait que les quatre murs et une petite lucarne garnie de barres de fer.

Un pareil début ne présageait rien de bon. Cependant je ne perdis ni mon courage ni l'espérance. J'eus recours à la consolation de tous ceux qui souffrent, et, après avoir goûté pour la première fois la douceur d'une prière élancée d'un coeur innocent et plein d'angoisses, je m'endormis paisiblement, sans penser à ce qui adviendrait de moi.

Le lendemain, le geôlier vint m'éveiller en m'annonçant que la commission me mandait devant elle. Deux soldats me conduisirent, à travers une cour, à la demeure du commandant, s'arrêtèrent dans l'antichambre et me laissèrent gagner seul les appartements intérieurs.

J'entrai dans un salon assez vaste. Derrière la table, couverte de papiers, se tenaient deux personnages, un général avancé en âge, d'un aspect froid et sévère, et un jeune officier aux gardes, ayant au plus une trentaine d'années, d'un extérieur agréable et dégagé; près de la fenêtre, devant une autre table, était assis un secrétaire, la plume sur l'oreille et courbé sur le papier, prêt à inscrire mes dépositions.

L'interrogatoire commença. On me demanda mon nom et mon état. Le général s'informa si je n'étais pas le fils d'André Pétrovitch Grineff, et, sur ma réponse affirmative, il s'écria sévèrement:

«C'est bien dommage qu'un homme si honorable ait un fils tellement indigne de lui!»

Je répondis avec calme que, quelles que fussent les inculpations qui pesaient sur moi, j'espérais les dissiper sans peine par un aveu sincère de la vérité. Mon assurance lui déplut.

«Tu es un hardi compère, me dit-il en fronçant le sourcil; mais nous en avons vu bien d'autres.»

Alors le jeune officier me demanda par quel hasard et à quelle époque j'étais entré au service de Pougatcheff, et à quelles sortes d'affaires il m'avait employé.

Je répondis avec indignation qu'étant officier et gentilhomme, je n'avais pu me mettre au service de Pougatcheff, et qu'il ne m'avait chargé d'aucune sorte d'affaires.

«Comment donc s'est-il fait, reprit mon juge, que l'officier et le gentilhomme ait été seul gracié par l'usurpateur, pendant que tous ses camarades étaient lâchement assassinés? Comment s'est-il fait que le même officier et gentilhomme ait pu vivre en fête et amicalement avec les rebelles, et recevoir du scélérat en chef des cadeaux consistant en une pelisse, un cheval et un demi-rouble? D'où provient une si étrange intimité? et sur quoi peut-elle être fondée, si ce n'est sur la trahison, ou tout au moins sur une lâcheté criminelle et impardonnable?»

Les paroles de l'officier aux gardes me blessèrent profondément, et je commençai avec chaleur ma justification. Je racontai comment s'était faite ma connaissance avec Pougatcheff, dans la steppe, au milieu d'un ouragan; comment il m'avait reconnu et fait grâce à la prise de la forteresse de Bélogorsk. Je convins qu'en effet j'avais accepté de l'usurpateur un *touloup* et un cheval; mais j'avais défendu la forteresse de Bélogorsk contre le scélérat jusqu'à la dernière extrémité. Enfin, j'invoquai le nom de mon général, qui pouvait témoigner de mon zèle pendant le siège désastreux d'Orenbourg.

Le sévère vieillard prit sur la table une lettre ouverte qu'il se mit à lire à haute voix:

«En réponse à la question de Votre Excellence, sur le compte de l'enseigne Grineff, qui se serait mêlé aux troubles et serait entré en relations avec le brigand, relations réprouvées par la loi du service et contraires à tous les devoirs du serment, j'ai l'honneur, de déclarer que ledit enseigne Grineff s'est trouvé au service à Orenbourg, depuis le mois d'octobre 1773 jusqu'au 24 février de la présente année, jour auquel il s'absenta de la ville, et depuis lequel il ne s'est plus représenté. Cependant, on a ouï dire aux déserteurs ennemis qu'il s'était rendu au camp de Pougatcheff, et qu'il l'avait accompagné à la forteresse de Bélogorsk, où il avait été précédemment en garnison. D'un autre côté, par rapport à sa conduite, je puis...»

Ici le général interrompit sa lecture, et me dit avec dureté:

«Eh bien, que diras-tu maintenant pour ta justification?»

J'allais continuer comme j'avais commencé et révéler ma liaison avec Marie aussi franchement que tout le reste. Mais je ressentis soudain un dégoût invincible à faire une telle déclaration. Il me vint à l'esprit que, si je la nommais, la commission la ferait comparaître; et l'idée d'exposer son nom à tous les propos scandaleux des scélérats interrogés, et de la mettre elle-même en leur présence, cette horrible idée me frappa tellement que je me troublai, balbutiai et finis par me taire.

Mes juges, qui semblaient écouter mes réponses avec une certaine bienveillance, furent de nouveau prévenus contre moi par la vue de mon trouble. L'officier aux gardes demanda que je fusse confronté avec le principal dénonciateur. Le général ordonna d'appeler le *coquin d'hier*. Je me tournai vivement vers la porte pour attendre l'apparition de mon accusateur. Quelques moments après, on entendit résonner des fers, et entra... Chvabrine. Je fus frappé du changement qui s'était opéré en lui. Il était pâle et maigre. Ses cheveux, naguère noirs comme du jais, commençaient à grisonner. Sa longue barbe était en désordre. Il répéta toutes ses accusations d'une voix faible, mais ferme. D'après lui, j'avais été envoyé par Pougatcheff en espion à Orenbourg; je sortais tous les jours jusqu'à la ligne des tirailleurs pour transmettre des nouvelles écrites de tout ce qui se passait dans la ville; enfin j'étais décidément passé du côté de l'usurpateur, allant avec lui de forteresse en forteresse, et tâchant, par tous les moyens, de nuire à mes complices de trahison, pour les supplanter dans leurs places, et mieux profiter des largesses du rebelle. Je l'écoutai jusqu'au bout en silence, et me réjouis d'une seule chose: il n'avait pas prononcé le nom de Marie. Est-ce parce que son amour-propre souffrait à la pensée de celle qui l'avait dédaigneusement repoussé, ou bien est-ce que dans son coeur brûlait encore une étincelle du sentiment qui me faisait taire moi-même? Quoi que ce fût, la commission n'entendit pas prononcer le nom de la fille du commandant de Bélogorsk. J'en fus encore mieux confirmé dans la résolution que j'avais prise, et, quand les juges me demandèrent ce que j'avais à répondre aux inculpations de Chvabrine, je me bornai à dire que je m'en tenais à ma déclaration première, et que je n'avais rien à ajouter à ma justification. Le général ordonna que nous fussions emmenés; nous sortîmes ensemble. Je regardai Chvabrine avec calme, et ne lui dis pas un mot. Il sourit d'un sourire de haine satisfaite, releva ses fers, et doubla le pas pour me devancer. On me ramena dans la prison, et depuis lors je n'eus plus à subir de nouvel interrogatoire.

Je ne fus pas témoin de tout ce qui me reste à apprendre au lecteur; mais j'en ai entendu si souvent le récit, que les plus petites particularités en sont restées gravées dans ma mémoire, et qu'il me semble que j'y ai moi-même assisté.

Marie fut reçue par mes parents avec la bienveillance cordiale qui distinguait les gens d'autrefois. Dans cette occasion qui leur était offerte de donner asile à une pauvre orpheline, ils voyaient une grâce de Dieu. Bientôt ils s'attachèrent sincèrement à elle, car on ne pouvait la connaître sans l'aimer. Mon amour ne semblait plus une folie même à mon père, et ma mère ne rêvait plus que l'union de son Pétroucha à la fille du capitaine.

La nouvelle de mon arrestation frappa d'épouvante toute ma famille. Cependant, Marie avait raconté si naïvement à mes parents l'origine de mon étrange liaison avec Pougatcheff, que, non seulement ils ne s'en étaient pas inquiétés, mais que cela les avait fait rire de bon coeur. Mon père ne voulait pas croire que je pusse être mêlé dans une révolte infâme dont l'objet était le renversement du trône et l'extermination de la race des gentilshommes. Il fit subir à Savéliitch un sévère interrogatoire, dans lequel mon menin confessa que son maître avait été l'hôte de Pougatcheff, et que le scélérat, certes, s'était montré généreux à son égard. Mais en même temps il affirma, sous un serment solennel, que jamais il n'avait entendu parler d'aucune trahison. Les vieux parents se calmèrent un peu et attendirent avec impatience de meilleures nouvelles. Mais pour Marie, elle était très agitée, et ne se taisait que par modestie et par prudence.

Plusieurs semaines se passèrent ainsi. Tout à coup mon père reçoit de Pétersbourg une lettre de notre parent le prince B... Après les premiers compliments d'usage, il lui annonçait que les soupçons qui s'étaient élevés sur ma participation aux complots des rebelles ne s'étaient trouvés que trop fondés, ajoutant qu'un supplice exemplaire aurait dû m'atteindre, mais que l'impératrice, par considération pour les loyaux services et les cheveux blancs de mon père, avait daigné faire grâce à un fils criminel; et qu'en lui faisant remise d'un supplice infamant, elle avait ordonné qu'il fût envoyé au fond de la Sibérie pour y subir un exil perpétuel.

Ce coup imprévu faillit tuer mon père. Il perdit sa fermeté habituelle, et sa douleur, muette d'habitude, s'exhala en plaintes amères. «Comment! ne cessait-il de répéter tout hors de lui-même, comment! mon fils a participé aux complots de Pougatcheff? Dieu juste! jusqu'où ai-je vécu? L'impératrice lui fait grâce de la vie; mais est-ce plus facile à supporter pour moi? Ce n'est pas le supplice qui est horrible; mon aïeul a péri sur l'échafaud pour la défense de ce qu'il vénérait dans le sanctuaire de sa conscience [65], mon père a été frappé avec les martyrs Volynski et Khouchtchoff [66]; mais qu'un gentilhomme trahisse son serment, qu'il s'unisse à des bandits, à des scélérats, à des esclaves révoltés,... honte, honte éternelle à notre race!» Effrayée de son désespoir, ma mère n'osait pas pleurer en sa présence et s'efforçait de lui rendre du courage en parlant des incertitudes et de l'injustice de l'opinion; mais mon père était inconsolable.

Marie se désolait plus que personne. Bien persuadée que j'aurais pu me justifier si je l'avais voulu, elle se doutait du motif qui me faisait garder le silence, et se croyait la seule cause de mes infortunes. Elle cachait à tous les yeux ses souffrances, mais ne cessait de penser au moyen de me sauver.

Un soir, assis sur son sofa, mon père feuilletait le *Calendrier de la cour*; mais ses idées étaient bien loin de là, et la lecture de ce livre ne produisait pas sur lui l'impression ordinaire. Il sifflait une vieille marche. Ma mère tricotait en silence, et ses larmes tombaient de temps en temps sur son ouvrage. Marie, qui travaillait dans la même chambre, déclara tout à coup à mes parents qu'elle était forcée de partir pour Pétersbourg, et qu'elle les priait de lui en fournir les moyens. Ma mère se montra très affligée de cette résolution.

«Pourquoi, lui dit-elle, veux-tu aller à Pétersbourg? Toi aussi, tu veux donc nous abandonner?» Marie répondit que son sort dépendait de ce voyage, et qu'elle allait chercher aide et protection auprès des gens en faveur, comme fille d'un homme qui avait péri victime de sa fidélité.

Mon père baissa la tête. Chaque parole qui lui rappelait le crime supposé de son fils lui semblait un reproche poignant.

«Pars, lui dit-il enfin avec un soupir; nous ne voulons pas mettre obstacle à ton bonheur. Que Dieu te donne pour mari un honnête homme, et non pas un traître taché d'infamie!»

Il se leva et quitta la chambre.

Restée seule avec ma mère, Marie lui confia une partie de ses projets: ma mère, l'embrassa avec des larmes, en priant Dieu de lui accorder une heureuse réussite. Peu de jours après, Marie partit avec Palachka et le fidèle Savéliitch, qui, forcément séparé de moi, se consolait en pensant qu'il était au service de ma fiancée.

Marie arriva heureusement jusqu'à Sofia, et, apprenant que la cour habitait en ce moment le palais d'été de Tsarskoïé-Sélo, elle résolut de s'y arrêter. Dans la maison de poste on lui donna un petit cabinet derrière une cloison. La femme du maître de poste vint aussitôt babiller avec elle, lui annonça pompeusement qu'elle était la nièce d'un chauffeur de poêles attaché à la cour, et l'initia à tous les mystères du palais. Elle lui dit à quelle heure l'impératrice se levait, prenait le café, allait à la promenade; quels grands seigneurs se trouvaient alors auprès de sa personne: ce qu'elle avait daigné dire la veille à table; qui elle recevait le soir; en un mot, l'entretien d'Anna Vlassievna [67] semblait une page arrachée aux mémoires du temps, et serait très précieuse de nos jours. Marie Ivanovna l'écoutait avec grande attention. Elles allèrent ensemble au jardin impérial, où Anna Vlassievna raconta à Marie l'histoire de chaque allée et de chaque petit pont. Toutes les deux regagnèrent ensuite la maison, enchantées l'une de l'autre.

Le lendemain, de très bonne heure, Marie s'habilla et retourna dans le jardin impérial. La matinée était superbe. Le soleil dorait de ses rayons les cimes des tilleuls qu'avait déjà jaunis la fraîche haleine de l'automne. Le large lac étincelait immobile. Les cygnes, qui venaient de s'éveiller, sortaient gravement des buissons du rivage. Marie Ivanovna se rendit au bord d'une charmante prairie où l'on venait d'ériger un monument en l'honneur des récentes victoires du comte Roumiantzeff [68]. Tout à coup un petit chien de race anglaise courut à sa rencontre en aboyant. Marie s'arrêta effrayée. En ce moment résonna une agréable voix de femme.

«N'ayez point peur, dit-elle; il ne vous mordra pas.»

Marie aperçut une dame assise sur un petit banc champêtre vis-à-vis du monument, et alla s'asseoir elle-même à l'autre bout du siège. La dame l'examinait avec attention, et, de son côté, après lui avoir jeté un regard à la dérobée, Marie put la voir à son aise. Elle était en peignoir blanc du matin, en bonnet léger et en petit mantelet. Cette dame paraissait avoir cinquante ans; sa figure, pleine et haute en couleur, exprimait le calme et une gravité tempérée par le doux regard de ses yeux bleus et son charmant sourire. Elle rompit la première le silence:

«Vous n'êtes sans doute pas d'ici? dit-elle.

--Il est vrai, madame; je suis arrivée hier de la province.

--Vous êtes arrivée avec vos parents?

--Non, madame, seule.

--Seule! mais vous êtes bien jeune pour voyager seule.

--Je n'ai ni père ni mère.

--Vous êtes ici pour affaires?

--Oui, madame; je suis venue présenter une supplique à l'impératrice.

--Vous êtes orpheline; probablement vous avez à vous plaindre d'une injustice ou d'une offense?

--Non, madame; je suis venue demander grâce et non justice.

--Permettez-moi une question: qui êtes-vous?

--Je suis la fille du capitaine Mironoff.

--Du capitaine Mironoff? de celui qui commandait une des forteresses de la province d'Orenbourg?

--Oui; madame.»

La dame parut émue.

«Pardonnez-moi, continua-t-elle d'une voix encore plus douce, de me mêler de vos affaires. Mais je vais à la cour; expliquez-moi l'objet de votre demande; peut-être me sera-t-il possible de vous aider.»

Marie se leva et salua avec respect. Tout, dans la dame inconnue, l'attirait involontairement et lui inspirait de la confiance. Marie prit dans sa poche un papier plié; elle le présenta à sa protectrice inconnue qui le parcourut à voix basse.

Elle commença par lire d'un air attentif et bienveillant; mais soudainement son visage changea, et Marie, qui suivait des yeux tous ses mouvements, fut effrayée de l'expression sévère de ce visage si calme et si gracieux un moment auparavant.

«Vous priez pour Grineff, dit la dame d'un ton glacé. L'impératrice ne peut lui accorder le pardon. Il a passé à l'usurpateur, non comme un ignorant crédule, mais comme un vaurien dépravé et dangereux.

--Ce n'est pas vrai! s'écria Marie.

--Comment! ce n'est pas vrai? répliqua la dame qui rougit jusqu'aux yeux.

--Ce n'est pas vrai, devant Dieu, ce n'est pas vrai. Je sais tout, je vous conterai tout; c'est pour moi seule qu'il s'est exposé à tous les malheurs qui l'ont frappé. Et s'il ne s'est pas disculpé devant la justice, c'est parce qu'il n'a pas voulu que je fusse mêlée à cette affaire.»

Et Marie raconta avec chaleur tout ce que le lecteur sait déjà.

La dame l'écoutait avec une attention profonde.

«Où vous êtes-vous logée?» demanda-t-elle quand la jeune fille eut terminé son récit. Et en apprenant que c'était chez Anna Vlassievna, elle ajouta avec un sourire:

«Ah! je sais. Adieu; ne parlez à personne de notre rencontre. J'espère que vous n'attendrez pas longtemps la réponse à votre lettre.»

À ces mots elle se leva et s'éloigna par une allée couverte. Marie Ivanovna retourna chez elle remplie d'une riante espérance.

Son hôtesse la gronda de sa promenade matinale, nuisible, disait-elle, pendant l'automne, à la santé d'une jeune fille. Elle apporta le *samovar*, et, devant, une tasse de thé, elle allait reprendre ses interminables propos sur la cour, lorsqu'une voiture armoriée s'arrêta devant le perron. Un laquais à la livrée impériale entra dans la chambre, annonçant que l'impératrice daignait mander en sa présence la fille du capitaine Mironoff.

Anna Vlassievna fut toute bouleversée par cette nouvelle.

«Ah! mon Dieu, s'écria-t-elle, l'impératrice vous demande à la cour. Comment donc a-t-elle su votre arrivée? et comment vous présenterez-vous à l'impératrice, ma petite mère? Je crois que vous ne savez même pas marcher à la mode de la cour. Je devrais vous conduire; ou ne faudrait-il pas envoyer chercher la fripière, pour qu'elle vous prêtât sa robe jaune à falbalas?»

Mais le laquais déclara que l'impératrice voulait que Marie Ivanovna vînt seule et dans le costume où on la trouverait. Il n'y avait qu'à obéir, et Marie Ivanovna partit.

Elle pressentait que notre destinée allait s'accomplir; son coeur battait avec violence. Au bout de quelques instants le carrosse s'arrêta devant le palais, et Marie, après avoir traversé une longue suite d'appartements vides et somptueux, fut enfin introduite dans le boudoir de l'impératrice. Quelques seigneurs, qui entouraient leur souveraine, ouvrirent respectueusement passage à la jeune fille. L'impératrice, dans laquelle Marie reconnut la dame du jardin, lui dit gracieusement:

«Je suis enchantée de pouvoir exaucer votre prière. J'ai fait tout régler, convaincue de l'innocence de votre fiancé. Voilà une lettre que vous remettrez à votre futur beau-père.»

Marie, tout en larmes, tomba aux genoux de l'impératrice, qui la releva et la baisa sur le front.

«Je sais, dit-elle, que vous n'êtes pas riche, mais j'ai une dette à acquitter envers la fille du capitaine Mironoff. Soyez tranquille sur votre avenir.»

Après avoir comblé de caresses la pauvre orpheline, l'impératrice la congédia, et Marie repartit le même jour pour la campagne de mon père, sans avoir eu seulement la curiosité de jeter un regard sur Pétersbourg.

Ici se terminent les mémoires de Piôtr Andréitch Grineff; mais on sait, par des traditions de famille, qu'il fut délivré de sa captivité vers la fin de l'année 1774, qu'il assista au supplice de Pougatcheff, et que celui-ci, l'ayant reconnu dans la foule, lui fit un dernier signe avec la tête qui, un instant plus tard, fut montrée au peuple, inanimée et sanglante. Bientôt après, Piôtr Andréitch devint l'époux de Marie Ivanovna. Leur descendance habite encore le gouvernement de Simbirsk. Dans la maison seigneuriale du village de ... on montre la lettre autographe de Catherine II, encadrée sous une glace. Elle est adressée au père de Piôtr Andréitch, et contient, avec la justification de son fils, des éloges donnés à l'intelligence et au bon coeur de la fille du capitaine.

# NOTES

**Note 1:** _Célèbre général de Pierre le Grand et de l'impératrice Anne.

**Note 2:** _Qui veut dire maître, pédagogue. Les instituteurs étrangers l'ont adopté pour nommer leur profession.

**Note 3:** _Ce mot signifie *qui n'a pas encore sa croissance*. On appelle ainsi les gentilshommes qui n'ont pas encore pris de service.

**Note 4:** _Avdotia, fille de Basile. On sait qu'en Russie le nom patronymique est inséparable du prénom, et bien plus usité que le nom de famille.

**Note 5:** _Diminutif de Piôtr, Pierre.

**Note 6:** _Anastasie, fille de Garasim.

**Note 7:** _Chef-lieu du gouvernement d'Orenbourg, le plus oriental de la Russie d'Europe, et qui s'étend même en Asie.

**Note 8:** _Pelisse courte n'atteignant pas le genou.

**Note 9:** _Jean, fils de Jean.

**Note 10:** _Le rouble valait alors, comme aujourd'hui le rouble d'argent, quatre francs de notre monnaie.

**Note 11:** _Pierre, fils d'André.

**Note 12:** _Espèce de cidre qui fait la boisson commune des Russes.

**Note 13:** _Ouragan de neige.

**Note 14:** _Tapis fait de la seconde écorce du tilleul et qui couvre la capote d'une *kibitka*.

**Note 15:** _Parrain du mariage.

**Note 16:** _Planchette de sapin ou de bouleau, qui sert de chandelle.

**Note 17:** _Fleuve qui se jette dans l'Oural.

**Note 18:** _Bouilloire à thé.

**Note 19:** _Cafetan court.

**Note 20:** _Les paysans russes portent la hache passée dans la ceinture ou derrière le dos.

**Note 21:** _Lit ordinaire des paysans russes.

**Note 22:** _Allusion aux récompenses faites par les anciens tsars à leurs boyards, auxquels ils donnent leur pelisse.

**Note 23:** Maisons de paysans.

**Note 24:** Grossières gravures enluminées.

**Note 25:** Jean, fils de Kouzma.

**Note 26:** Formule de politesse affable.

**Note 27:** Officier subalterne de Cosaques.

**Note 28:** Alexis, fils de Jean.

**Note 29:** Basile (au féminin), fille d'Iégor.

**Note 30:** Jean, fils d'Ignace.

**Note 31:** Diminutif de Maria.

**Note 32:** Soupe russe faite de viande et de légumes.

**Note 33:** En russe, on dit tant d'âmes pour tant de paysans.

**Note 34:** Poète célèbre alors, oublié depuis.

**Note 35:** Ils sont écrits dans le style suranné de l'époque.

**Note 36:** Poète ridicule, dont Catherine II s'est moquée jusque dans son *Règlement de l'ermitage*.

**Note 37:** Manière méprisante d'écrire le nom patronymique.

**Note 38:** Formule de consentement.

**Note 39:** Environ trois pouces.

**Note 40:** De Catherine II.

**Note 41:** Jurement tatar.

**Note 42:** Ce mot, pris dans Pougatcheff, signifie épouvantail.

**Note 43:** Robe parée; c'est l'usage, chez les Russes, d'enterrer les morts dans leurs plus riches habits.

**Note 44:** Ceintures que portent tous les paysans russes.

**Note 45:** Pierre III.

**Note 46:** Petite armoire plate et vitrée où l'on enferme les saintes images, et qui forme un autel domestique.

**Note 47:** Chef militaire chez les Cosaques.

**Note 48:** À vapeur.

**Note 49:** Pièce de cinq kopeks en cuivre.

**Note 50:** Le premier des faux Démétrius.

**Note 51:** Allusion aux anciennes formules des suppliques adressées au tsar: «Je frappe la terre du front, et je présente ma supplique à tes yeux lucides...».

**Note 52:** Alors on leur arrachait les narines. Cette coutume barbare a été abolie par l'empereur Alexandre.

**Note 53:** Blanc-bec.

**Note 54:** Il y a également dans le russe un mot forgé avec le verbe suborner.

**Note 55:** Fille d'un autre commandant de forteresse, que tua Pougatcheff.

**Note 56:** Nom d'un célèbre bandit du siècle précédent, qui a lutté longtemps contre les troupes impériales.

**Note 57:** Pour la torture.

**Note 58:** Légère escarmouche où l'avantage était resté à Pougatcheff.

**Note 59:** Nom donné à Frédéric le Grand par les soldats russes.

**Note 60:** Titre d'un officier supérieur.

**Note 61:** Nom général des établissements métallurgiques de l'Oural.

**Note 62:** Diminutif de Iéméliane.

**Note 63:** Après s'être avancé jusqu'aux portes de Moscou, qu'il aurait peut-être enlevé si son audace n'eût faibli au dernier moment, Pougatcheff, battu, avait été livré par ses compagnons pour cent mille roubles. Enfermé dans une cage de fer et conduit à Moscou, il fut exécuté en 1775.

**Note 64:** Petit chariot d'été.

**Note 65:** Un aïeul de Pouschkine fut condamné à mort par Pierre le Grand.

**Note 66:** Chefs du parti russe contre Biron, sous l'impératrice Anne; ils furent tous deux suppliciés avec barbarie.

**Note 67:** Anne, fille de Blaise.

**Note 68:** Roumiantzeff, vainqueur des Turcs à Larga et à Kagoul, en 1772.